會長

一場永不止息的競賽
與經營高端客戶的
軟、硬、巧實力

邱靜婉 著

恭賀 飛翔通訊處邱靜婉處經理 榮獲
112年度第四季全國業績王

南山人壽

未來與你
邁向幸福

NAN SHAN LIFE

總會長
邱靜婉

業務-桃竹苗 / 飛翔

名人極峰會頒獎典禮

32nd/47th

與南山人壽范文偉總經理合影

與南山人壽陳維新資深副總合影

與南山人壽蔡豐輝資深副總合影

與南山人壽尹崇堯董事長合影

與南山人壽杜英宗前董事長合影

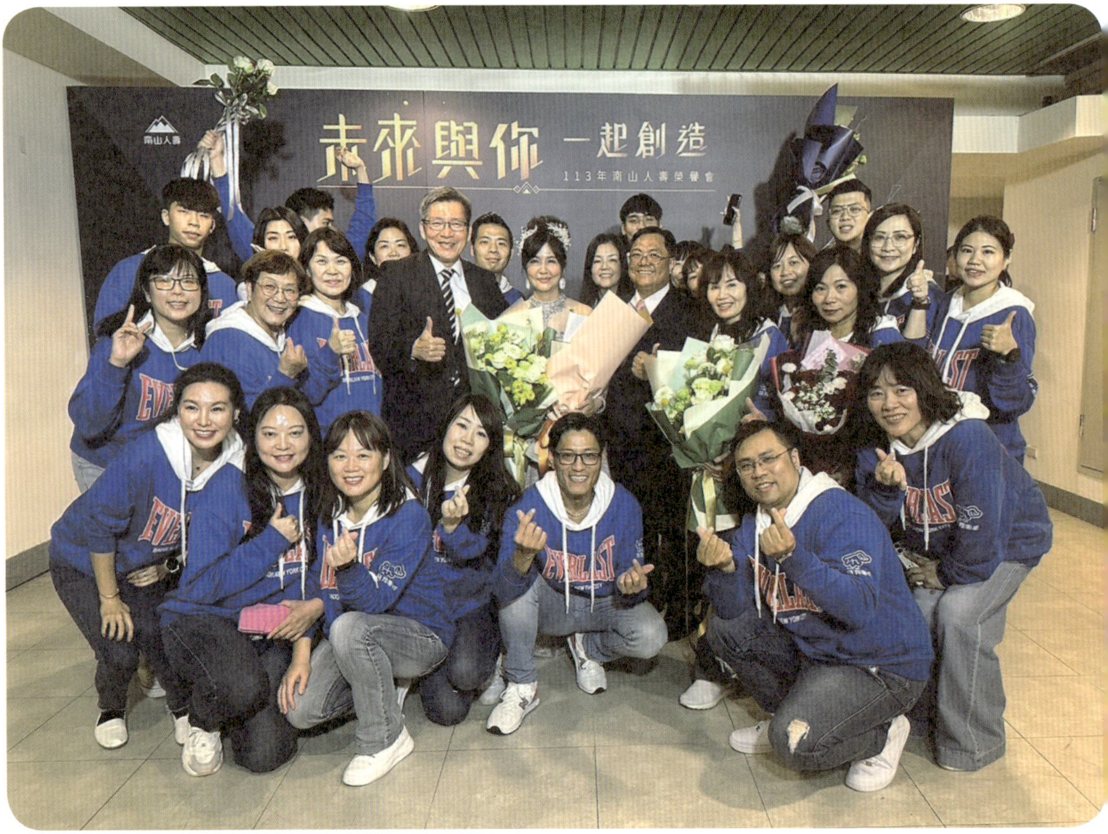
南山人壽
未來與你 一起創造
113年南山人壽榮譽會

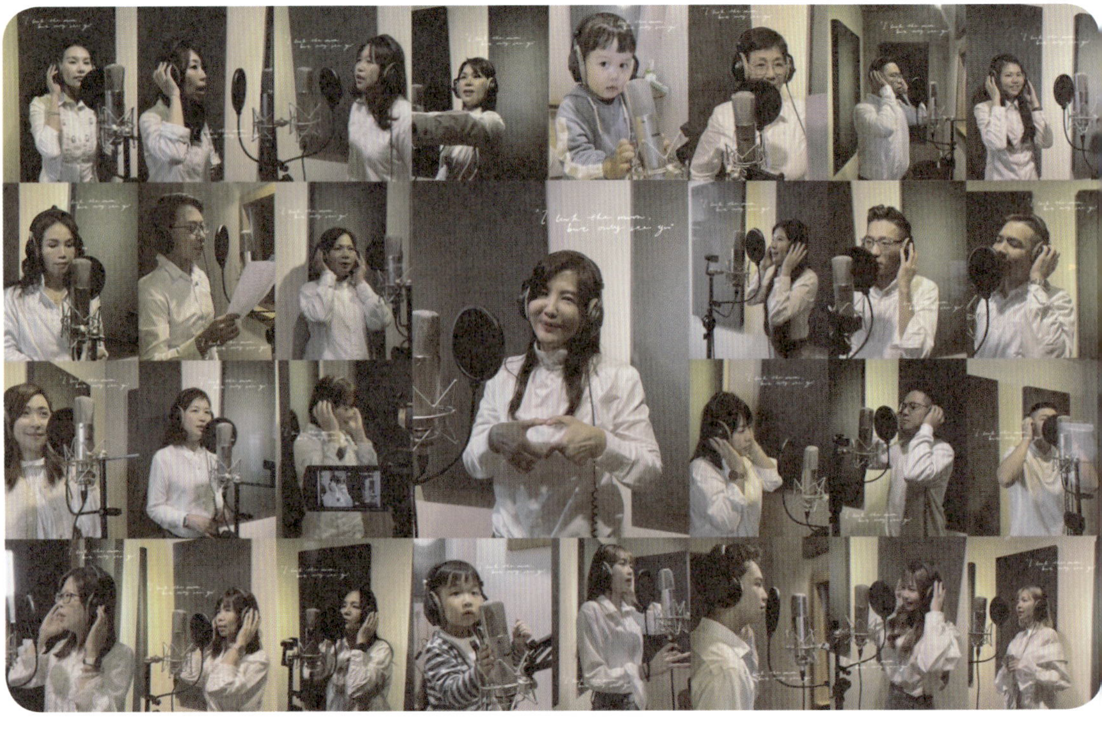

南山60 愛在飛翔

推薦序

優雅而堅定的使命

郭文德
前南山人壽董事長

邱靜婉因《會長》一書準備出版,特地來看我並向我邀序。

靜婉在南山人壽從業三十年,對業務行銷、業務經營管理、理財、社會公益等都有精彩表現,今把多年來的經歷、心得與大家分享,其精神可嘉,值得嘉勉。

一位優秀的業務員,她的成就絕非偶然。靜婉在書中強調,保險業務員的基本功不可忽視,正如萬丈高樓平地起,唯有打好地基,才能無限發展。現代人嚮往更自由的職場環境,但自由的根基在於自律,只有自律,才能擁有真正的自由,這是成功的基石;而成為卓越的業務主管,不僅自己要以身作則,還需要深刻理解人性,帶領並激勵他人。這些軟實力比起單純的知識與技能更為重要。我過去常勉勵同仁,要做一個氣質優雅,品味出眾的業務員,而氣質的培養來自於內在涵養的充實,這需要不斷的學習,無論是專業技能的提升,或是藝術文化品味的鑽研,對於提

升自己或拓展業務都有莫大的助益。

　　回顧靜婉自首次榮獲全國總會長至今，已累積了十多次總副會長的榮譽。我相信她那屢敗屢戰、從不言退的韌性，以及在每一次挑戰中不斷提升自己軟硬實力的堅定信念，未來都將使這項紀錄不斷刷新。

　　靜婉在書中反覆強調：「要做一個給予的人，願意給予的人，所付出的終將回饋於己身。」這不僅是利人利己的實踐，也是她成為會長並出版《會長》一書的價值與意義。因靜婉的無私、用心、努力的精彩表現，令我非常欣賞與欽佩，故樂為此書作序。

推薦序

面對挑戰，創造巔峰

尹崇堯
南山人壽董事長

　　加入南山 30 年、身兼處經理和全國總副會長紀錄保持人的靜婉，一直是許多業務夥伴的偶像，繼 15 年前出版第一本書後，靜婉今年再次透過本書《會長》完整剖析自己在面對挑戰、歷經低谷、創造巔峰的心得與心法。感謝她不藏私的分享，相信所有認同保險、有意將其作為終身職志的夥伴，都能因此受益。

　　本書自保險業務單位常見的競賽制度切入，可看到靜婉如何透過「以戰養戰」、「鍛鍊心志」、「超越自我」的成長，擺脫對勝負結果的焦慮，賦予競賽新的意義。其後則藉由她從業多年的行銷、增員案例，示範如何針對不同對象及情境做到極致服務，每一個充滿溫度的故事，都是南山文化的具體展現。

　　靜婉以誠信為基礎，與公司、客戶及社會建立連結；她堅守保險本質，多年來秉持利他初衷，以溫暖的專業服務客戶、照顧團隊成員，滿懷熱忱、不放過每個小細節，因此能夠成為業績的

常勝軍。

　最重要的是,當面對挑戰及未知時,她總是抱持開創的勇氣,不斷為自己設定更高的目標、不斷想方設法突破,我相信,這不僅僅是業務夥伴獲得成功的唯一途徑,也是我們每一個人在面對生命的不確定性時,理當抱持的態度,因此特別向諸位推薦本書。

目錄

| 推薦序 | ・優雅而堅定的使命 郭文德 | 11 |
| ・面對挑戰，創造巔峰 尹崇堯 | 13 |

| 作者序 | 堅持，永不放棄 | 21 |
| 前　言 | 保險：一場永不止息的競賽 | 27 |

chapter 1 極致服務的典範
比悲傷更悲傷的故事

- **來不及的稅**
  董事長之死 | 46

- **渾然忘我的服務熱忱** | 48

- **自責與反思**
  成長的起點 | 50

- **重拾信心**
  走出黑暗，找回內在的光 | 54

- **保險的底氣**
  壽險事業的核心 | 57

- **夢想無止境**
  只有自己可以創造巔峰 | 59

- **欲戴王冠，必承其重** | 61

chapter 2　進入保險市場的三個層次

- **初階層次**
  開發親朋好友 … 64

- **進階層次**
  隨時隨地認識人 … 66

- **高階層次**
  刻意經營高資產客戶 … 71

- **市場轉型**
  高資產客戶的經營策略 … 73

- **成功關鍵**
  時間花在哪裡，成就就在哪裡 … 79

> **Story**
> **增員第一個 VIP 客戶**
> 廣結善緣、里長型的砂石業老闆娘 … 83

- **社團經營**
  先付出，再收穫 … 87

> **Story**
> **社團經營的案例**
> 三年沒有開口說保險 … 89

目錄

- 事業藍海
  找到你的獨特市場　　　94

- 保險六字箴言
  單純、聽話、照做　　　102

- 面對挫折的三把金鑰　　　108

- 精力管理大於時間管理　　　112

  Story
  增員頂尖人士的案例
  會長增員會長　　　117

- 增員頂尖人士的成功法則　　　128

chapter 3　經營高端客戶的軟、硬、巧實力

- **軟實力**
  與富有和成功人士相處的能力　　132

- **硬實力**
  不斷精進的專業知識與技能　　133

- **巧實力**
  讓對方敞開心扉、掏心掏肺的能力　　134

- **軟、硬與巧實力的應用**　　135

- **心占率 100%**
  與客戶建立深厚關係　　153

Story
高資產客戶的案例
全省連鎖麵包店董事長的故事　　156

Story
高資產客戶的案例
百年食品業第三代的傳承規劃　　170

- VIP 的「金色通道」　　176

chapter 4 保險聖經

- **逆境是禮物**
  山窮水盡中藏著柳暗花明 | 182

- **堅持永不放棄**
  永恆的真理 | 186

- **生命中的貴人**
  給予即是獲得 | 190

- **極致服務**
  忘我、無我的境界 | 192

- **競爭力行銷**
  感同身受，利他大於利己 | 194

- **專注與等待**
  不比較，堅持走自己的道路 | 196

- **眼淚如珍珠**
  生命的無常與保險的價值 | 198

chapter 5 會長的責任、使命與傳承

- **找回初心**
  不忘初心，方得始終 | 204

- **不迷失於競賽**
  保持冷靜與自我 | 207

- **提升內在體系**
  開創全人人生 | 209

- **無私奉獻**
  做一個願意給予的人 | 212

作者序

堅持，永不放棄

　　大家都知道，現今是網路和短影音的時代，而不是閱讀紙本書的時代。尤其在資訊快速取得、管道多元、人手一機的情況下，大家只願意花時間看抖音或網路說書來獲得知識。然而，為什麼在這樣的大環境之下，我還是堅持要出書呢？

　　首先，距離我第一本書《曙光》的出版已經過了十五年。當時，我在書裡記錄了初入保險業的過程，從行銷、增員到組織團隊的心得分享。事實上，我發現每一家保險公司的 Top Sales 幾乎都會出版相似內容的書籍，來分享他們的技術和經驗。然而，十多年來，我已經累積了多次總副會長的得獎紀錄，經歷了更多的成長和突破，如今，當有人希望能夠再參考我的書來精進自己時，我希望能提供比《曙光》更進階、更重要的資訊與內涵。

　　其次，許多單位常邀請我演講，分享我多年來的行銷實戰經驗，但僅僅一個半小時的時間，無法將我這十多年來的心法、技

巧及專業知識淋漓盡致的分享,更不可能透過三五分鐘的短影音來傳授完整的觀念與資訊。所以,我希望透過新書的出版,能夠更鉅細靡遺、完整地分享我的保險信念。**而這也是我對書名「會長」所下的定義 —— 傳承保險的使命、責任,實踐永不止息的愛。**

• 你的成功取決於你的選擇

人生在世,每個成長階段都會被迫參與大大小小的競賽,這些競賽無一不在考驗我們的能力,也在挑戰我們意志力的極限。而在保險業,這些競賽更是馬不停蹄,一天接著一天地進行著。

一般來說,保險公司的競賽主要可分為兩種,一種是資格賽,另一種是排名賽。資格賽,類似團體賽,是一種大家都可以參加的賽事,目標是共同達成一定的業績要求。比如,你達成了主任的業績指標,我達成了襄理的業績指標,這樣我們就可以一起參加高峰競賽、獎勵旅遊。在資格賽中,同事之間會相互鼓勵、相互支持,你拉著我,我拉著你共同努力達成目標。

而排名賽,是一種競爭性較強的個人賽事,每個人都期望在激烈的競爭中脫穎而出。我在今年上半年的競賽中深刻體會到這種競爭的激烈,這讓我想起 MDRT 大會上,麥克・喬丹(Michael

Jordan）的訓練師提姆・格羅弗（Tim Grover）演講時所分享的話。

提姆・格羅弗是著名的體能訓練專家，他訓練過麥克・喬丹、柯比・布萊恩（Kobe Bryant）和德韋恩・韋德（Dwyane Wade）等多位NBA籃球員。在訓練的過程中他特別強調肌力強度、耐力和心理韌性的訓練方法，他說：「**沒有任何成功是不經過掙扎的，在你放棄之前要不斷拚搏，你的成功取決於你的選擇**。」這句話深深打動了我，讓我體會到一旦選擇挑戰總會長、副總會長的個人排名賽，必須經歷同樣的拚搏過程，同時也讓我重新審視自己的選擇和堅持。

在上半年總會長的競賽中，我與另一位競爭對手可以說纏鬥到最後一分鐘。這個過程曾讓我感到身心俱疲，但當我聽到提姆・格羅弗的這一段話後，我才真正接受了這一切，並將結果交給神做主。

- **競賽變化莫測，直到最後一刻見真章**

在這場競爭中，我面臨了很多掙扎與選擇，這是人性的最大挑戰。我體悟到，在個人排名賽中，你只能一直向前，沒有放棄的權利。過去的排名賽裡，我曾經歷過纏鬥到最後一分鐘的情

況，也曾經歷過想盡辦法拉開距離，讓對手望塵莫及的情況；去年下半年，我在競賽最後拉開差距，讓第二名和第三名無法再追上來。

由於競賽的結果未可知，過程中必然會鍛鍊出選手的強韌心智，讓我們學會在困境中堅持不懈。成功並不僅僅取決於最終的勝利，而是你在面對挑戰時所展現出的拚搏精神和不屈不撓的態度。這些經歷，不僅讓我們更接近成功，也讓我們在人生的競技場上變得更加堅強和成熟。

• 取之於社會，用之於社會

十多年前，當我決定轉型開發高資產客戶後，我在繁忙的工作中，盡可能抽時間學習更多專業知識，擴展人脈。我的會長夢想終於在南山五十週年實現，十年之後，在去年南山六十週年時，我已累積榮獲四次全國總會長、六次全國副總會長，目前是南山全國總副會長的紀錄保持人。

如今，當越來越多人稱呼我會長時，我迫切地感受到傳承的使命與責任，應該回饋給年輕一代，不僅幫助南山人，更希望幫助整個保險業的從業人員，告訴他們如何能夠達到與我一樣的成就，甚至超越我的成就，讓保險產業的服務品質及業務員的素質

能夠同步提升。

所以在本書裡，我會將多年來服務高資產客戶的幾個經典案例故事，鉅細靡遺地呈現在讀者面前，同時也會在陳述案例的階段過程中，把業務員所需要具備的「軟實力、硬實力與巧實力」套用在案例裡，讓讀者能夠更具體且扎實的學習行銷的技巧，同時如何行銷、增員齊同並進，增員 VIP 及頂尖人士的成功法則。此外，在本書「保險聖經」單元，我也將透過生動感人的故事，真誠的分享我在壽險事業過程中歷久不變的訣竅與心法。

在進入保險業已近三十年的此時，藉著《會長》的出版，我要**感謝前南山人壽董事長郭文德先生**，他所著的《壽險行銷管理》一書，被所有保險從業人員奉為圭臬，對我也產生了深遠的影響。更重要的是，他一直以身作則的影響著我們，教育我們要成為優雅氣質、有品味、有內涵的業務員。

感謝現任董事長尹崇堯先生，他自 2022 年六月上任以來，改變了南山人壽的企業形象（CIS），為公司注入了年輕的活水，使我多年來的工作倦怠感瞬間燃起新的熱情。作為南山人壽的資深同仁，尹董事長的領導讓我們感受到了新的動力。他在最近一次公開演講中提到：「愛是在別人的需要裡看到自己的責任」，鼓勵所有壽險從業人員要有責任感，去關愛每一個保戶。

我還要**感謝南山內外勤的主管們，還有飛翔團隊的夥伴們**。飛翔團隊是陪伴我走過壽險事業的重要夥伴，我非常珍惜與團隊相處的時光，並期許這個最優質的團隊，能夠繼續秉持我們的願景，幫助每一個家庭擁有完整的保險規劃，並成就每一位飛翔團隊的夥伴創業成功、實現夢想。

感謝南山人壽對我的栽培。正是因為南山的肥沃土壤、優越的環境、良好的文化、完善的教育訓練、有效的業務制度以及競賽獎勵，才讓我成為名副其實的「會長」。最後，**我要特別感謝上帝，感謝我受洗的士林靈糧堂（夏凱納教會），感謝劉群茂牧師及師母，以及情同姊妹的基督教會磐石之家張艷牧師**。他們在我面對重重困難、挫折和挑戰時，給予我最大的力量與恩典，使我在黑暗中總能看到希望，並在人生的低谷找到逆轉勝的力量。

競賽不止息，夢想無止境。
當競賽與夢想交會，火花四溢，生命因而不同。
行在光裡，活在愛中，
隨著時光流轉，終將回到起點，與未來的自己相遇，
從此，活出無限美好，
愛是永不止息！

「神就是光，在他毫無黑暗，這是我們從他所聽見，又報給你們的信息。」

—— 約翰一書 1:5

「神就是愛，住在愛裡面的，就是住在神裡面，神也住在他裡面。」

—— 約翰一書 4:16

前言

保險
一場永不止息的競賽

在台灣，保險業是一個充滿挑戰與機會的行業。保險業務員的主要工作是建立客戶關係，提供個人化的保險解決方案，並在不斷競爭的環境中穩定成長。

許多新進入保險公司的業務員帶著追求自由與高收入的期待，卻往往低估了這個行業的挑戰性，誤以為保險業的時間自由、錢財豐盈。然而，實際上成功需要持續不斷的努力，不僅要在激烈的市場中競爭，還需要不斷地開發新的客戶來源。

當你進入保險業，**首先要認清的一點是：保險是一場永不止息的競賽**。上半年有競賽，下半年有競賽，以及整年度的競賽，沒有一天能夠怠惰。除了競賽，**另一個極其重要的挑戰就是：源源不絕的客戶來源**。這往往是業務員最頭痛的問題。我之所以一開始就強調這兩點，是因為必須先讓業務員調整心態。很多人加入這個行業，可能是為了追求自由或更高的收入，卻沒意識到這

是一個需要不斷競賽、不斷尋找客戶的循環。

我在二十五歲時進入南山人壽，起初沒有客戶，也沒有資源，只能從騎摩托車開始，逐步展開我的保險事業。進入壽險業的第一年、第二年，由於缺乏人脈，業績只能慢慢累積，從每一件三萬、五萬的保費收入逐步攀升，往往得拚盡全力衝刺到最後一天、最後一刻，透過客戶人情支持，連滾帶爬的達成競賽，這是一段非常艱辛的過程。

經過兩年的努力，我意識到這樣的方式無法持續下去。於是從第三年開始，我開始思考如何能夠更輕鬆地達成業績目標，不再有「爬」的感覺，也不需要到處求人。透過不斷的努力和調整策略，我最終找到了更加高效的方法，使得我的業務推展更加順利；並透過「以戰養戰」的競賽過程，不斷累積經驗、精進自己的業務能力。

• **以戰養戰：提升自身實力**

「以戰養戰」的精神，是指在持續的競賽過程中透過實戰來提升自身實力，並以此為基礎，**不斷參與更多的競賽，創造循環提升的效果。這種精神強調在實戰中，透過一次又一次的比賽，檢視自己的實力，發現自身的不足，並迅速做出改進**。每一場比

賽的經驗累積，都是為下一場比賽做準備，這是一個不斷提升的過程。

競賽中的實戰經驗是無法在訓練中完全模擬的。實戰中存在許多不可預測的因素，例如客戶千奇百怪的反對問題、身體狀況不佳、家庭因素干擾……，迫使選手在壓力下做出反應，提升應變能力；**頻繁的競賽不僅提升銷售技術，還有助於強化心理素質**。每一場比賽都是一次心態的考驗，業務員在面對挫折、壓力和挑戰時，如何調整心態再出發，也是成功的關鍵因素。

「以戰養戰」的精神也強調競爭意識和持續的動力。參與一連串的競賽，業務員會面臨來自各方的競爭壓力，這種競爭意識能夠激發業務員的潛能，遇強則強，推動他們不斷進步。**每一次比賽的目標都是超越自我和對手，這種追求卓越的精神便是行動力的源泉**。

前年，我代表台灣在 MDRT 全球年會以「以戰養戰」為主題分享，強調的正是這種競賽精神。在多次競賽中，悟性高的業務員懂得嘗試不同的策略和戰術，並根據比賽結果進行反思和調整。**這種動態的優化過程使業務員能夠在每次比賽中強化心理素質、優化戰術策略，並構建豐富的經驗庫**。這些寶貴的經驗將在未來的競賽中提供巨大的幫助，透過持續參與競賽，使業務員不

斷進化，應對各種不同的挑戰，追求最後的勝利。

• **突破現狀：行銷與增員並進**

　　我想起剛進入保險公司的第一年，當我拚盡全力達成業績後，隨公司到日本的豪斯登堡參加頒獎典禮。我發現：台上唯一能夠致詞的人是「總會長」，並且驚訝他們的業績竟然是我的二十倍；明明大家都一樣努力，為什麼差距這麼大？此外，除了個人獎項之外，還有一些人獲頒主管組的獎項，這讓我開始思考兩個問題：一是如何突破現狀，達到現在業績的三十倍，二是如何帶領一群人一起參加競賽，不再單打獨鬥。因此，從第三年開始，我決定執行「行銷、增員齊頭並進」的策略。

　　要實現「行銷、增員齊頭並進」，首先需要拓展並改變客戶群。我從參加救國團和青商會開始，逐步擴大我的人脈網絡。

　　參加救國團和青商會這樣的社團組織，不僅讓我接觸到來自不同領域和背景的優秀人才，也為我提供了許多寶貴的機會來展示和提升自己的專業能力。初期我積極參與各類講座、工作坊和社交活動，與眾多專業人士交流，建立了更牢固的關係網絡。

　　接著是建立組織。透過這些社團，我不僅擴大了客戶基礎，

也找到了許多潛在的合作夥伴和增員對象。這些經驗告訴我，**積極參與各種社交活動，並且在活動中展現自己的專業和熱情，是拓展人脈和提升業務的有效途徑**。

業務員在保險業中，要選擇單打獨鬥還是團體戰？以南山的體制為例，在業務代表時期必須一個人單打獨鬥，等到晉升為主任後就可以開始打團體戰。入行的第一年，我也是從單打獨鬥開始，一個人的競賽很辛苦，總是要衝到最後一天、最後一刻。那一年的頒獎典禮啟發了我，要想贏得勝利，必須同時進行推銷和增員。即使不可能立即成為會長，但有這麼多的競賽，我至少可以先從極峰（高峰競賽的三倍業績）開始，進入精英的殿堂上台領獎。

• 無法上台領獎的失落感，孕育了會長的夢想

第三年是我在保險業的重要啟蒙期，因此我格外努力，為了能夠上台拚盡了全力。到了第四年，我從襄理晉升為區經理，公司預定在雪梨歌劇院舉行頒獎典禮。這一場頒獎典禮，也是我人生的重大轉捩點。

然而，因為當時未規定最後一天受理的業績是否需通過核保，一些通訊處的人提出異議，導致我的部分業績未被計入。最

終，公司允許我和處經理參加雪梨的頒獎典禮，但我們沒有排名，也無法上台領獎，甚至沒有得獎人座位。

為了那一天的頒獎典禮，我特地穿上禮服。座位安排是根據襄理組、區經理組的排名次序，而我們只能列席，這讓穿著華麗禮服卻無處落座的我，感到十分尷尬。

在準備走到後排找座位時，一位通訊處經理邀請我坐在他旁邊，解除了我的尷尬。坐定後，我看著舞台上的頒獎儀式，由於公司規定，只有總會長和副總會長才能上台講話，而其他排名者只能領獎。我在心中暗暗告訴自己，總有一天我一定要登上這個舞台，而且是以總會長的身分進行演講。這是在我進入保險業第四年時，種下的會長夢。

回到台灣後，每一年我的業績都有新的突破，逐步達成區經理排名、地區副會長、地區會長等目標，可以說幾乎年年拿下每一場競賽的獎項。直到南山五十週年，也是我播下會長種子的第十三年，終於實現夢想，成為南山五十的高峰總會長。

- **保險業務員的成長之路：從單打獨鬥到團隊領導**

在保險業這場永不停息的競賽中，業務員的成長並非一蹴可

幾,而是一段充滿挑戰和機遇的旅程。從初入行時的單打獨鬥,到逐步悟通行銷與增員的並進策略,再到成為帶領團隊的領袖,**每一步都需要勇氣和智慧**。一位業務主管如何突破舒適圈,實現遠大目標,最終成為行業中的領頭羊,以下有幾個成長的步驟:

> 悟通 ▶ 紮根 ▶ 淬鍊 ▶ 舒適圈 ▶ 遠大目標

- **悟通:時時經營客戶量,增員打團體戰**

在保險業,單打獨鬥並非唯一途徑,我在進入保險業的第二年便悟通了行銷與增員並進的道理。在這個過程中,我領悟到保險業就像一場馬拉松賽,是可以接力跑完的,也就是推銷和增員是可以同步進行的。

如今身為處經理,我已不再單打獨鬥,組織更需要打團體戰。尤其十多年前我就已經轉型為高資產客戶的經營者,有幾位高資產客戶也是透過增員而來。為了更高效地擴展人脈,我不僅參加扶輪社及崇她社等社團,還採取更多元的策略,增員那些本身就擁有人脈的人。

- **紮根：增員必經流失洗牌，客戶量與質的提升**

在組織團隊的過程中，我經歷了無數次跌倒，因為我的人力一度崩盤。推銷需要心法和技法，增員同樣如此。在我尚未掌握足夠的心法和技法時，我的增員計劃屢次失敗，導致團隊成員不斷流失，我也不得不一次又一次地重新開始，因此，我開始找回初衷、聽話照做，並徹底實踐行銷與增員的六大步驟，目的就是讓自己更茁壯。

• 行銷的六大步驟 •

在保險業務中，行銷與增員都需要經過以下六大步驟，這些步驟看似老生常談，卻是確保成功的基石：

① 組織準客戶名單

透過社交媒體、社團活動和朋友介紹，整理出一份潛在客戶名單，並且時時增加準客戶的庫存量。

② 建立普通問題

與客戶建立初步聯繫，詢問客戶的家庭結構、工作情況和保險需求。例如：「您現在有購買任何保險嗎？」

③ 建立個人問題

深入了解客戶的具體需求和顧慮，詢問客戶對未來的財務規劃和擔憂，例如：「您是否擔心孩子的教育費用？自己的退休金？」

④ 給出需求方案

根據客戶的家庭結構和財務狀況，規劃既能保障家庭又能提供安穩退休的保險商品。

⑤ 處理反對問題

回應、同理心和解決客戶在購買過程中的顧慮和反對意見。例如：當客戶擔心保費太高時，可以解釋長期保險的價值和未來的回報。

⑥ 激勵與 CLOSE

向客戶展示成功案例和投保後的好處，激勵他們立即投保：「這款商品不僅能保障您的未來，還能應對不時之需，立即生效的保單就是最好的保單。」

• 增員的六大步驟 •

將行銷六大步驟直接套用到增員一樣適用。在增員的過程中，組織準增員名單後，要與潛在增員對象進行深遠的面談，找出他們的真正需求，這可能包括家庭面、收入面和個人成長方面的需求。接著，向他們說明壽險事業的制度、薪水成長和未來前景，並處理他們的反對問題。例如，他們可能會擔心自己沒有業務經驗，這時可以介紹公司的培訓計劃和支持系統。最後，要極力 close，讓他們決定加入。這過程中可能需要等待，但要不斷加溫，給予資訊，並借助團隊的力量，最終成功增員。

① 組織準增員名單

透過 104 或 1111 人力資源網站、社交網絡，收集一份潛在增員對象名單。隨著時間你的晉升與成長，增員對象必須由「量」提升為「質」的庫存。

② 建立普通問題

詢問潛在增員對象的工作經驗和職業目標，例如：「您目前的工作狀況如何？對未來有什麼職業規劃？」

③ 建立個人問題

詢問潛在增員對象對收入、工作環境和職業成長的期望，例如：「您對收入的期待是什麼？希望在工作中獲得哪些支持？人生的目標與夢想是什麼？」

④ 給出需求方案

介紹保險事業的創業制度、教育訓練、薪資成長和未來前景，並展示成功案例。

⑤ 處理反對問題

當潛在增員對象擔心自己缺乏行銷經驗時，可以介紹公司的培訓計劃，同時也可以展現自己的實力與優勢，吸引對方加入團隊。

⑥ 激勵與 CLOSE

展示成功案例和加入後的發展潛力，激勵他們立即加入：「加入我們，不僅能提升收入，還能獲得職業成長和更多改變人生的機會，以及培養斜槓人生的第二專長。」

無論是行銷還是增員，都需要落實這六大步驟，並在淬鍊期接受考驗。這些步驟做得好，才能在競爭激烈的保險業務中脫穎而出。

- **淬鍊：組織上上下下，軟硬巧實力摸索挫敗中**

即便已經紮根推銷和增員的六大步驟，仍然可能遇到重重阻礙。增員的挑戰來自於人員流動，甚至可能會面臨全面崩盤與整個團隊重建的情況。例如，之前我試圖增員一位代書。由於當時我的實力和專業知識不足，我邀請了一位多次擔任會長的其他通訊處主管協助我增員。過了一陣子之後，這位代書不但開始藉故不再理會我，最後反而加入了那位會長的通訊處。這讓我對人性感到挫折，也對自身的不夠強大感到失望。

推銷的挫敗則是來自市場競爭的壓力，無法在推銷的現有領域中突破人脈或客戶族群，業績難以上升。在這個階段，我的團隊和個人業績也經常出現不穩定的情況。然而，透過這些歷程我學會了堅持，即使人力流失、業績不佳，我依然不斷推銷和增員，並努力翻轉人脈，提供最好的售後服務。

- **舒適圈：組織盤旋原地轉，上競賽時好時壞**

舒適圈在業務員晉升為襄理或區經理後尤為常見。許多人因為客戶群無法擴展或增員成效不佳而陷入停滯。我也曾處於這樣的階段，為了持續成長，我開始積極尋找新的客戶群和增員對象，並設定了挑戰自我的遠大目標。

然而，**保險業是一場永無止境的競賽，組織要不要壯大，競賽要不要參加，全在於個人的心態和行動**，因為你已經掌握推銷和增員的技巧，如果不積極挑戰自我和組織發展的極限，就會長期困於（或安於）舒適圈。這種情況下，組織的規模和職位將持續僵化，許多襄理和區經理可能已經在此職位停留了數年甚至數十年之久。如何打破這種停滯狀態？唯有給自己設定更遠大的目標，讓自己有機會不斷挑戰自我，追求更高的成就。

· **遠大目標：軟硬巧實力成熟，連連上競賽，成立通訊處**

以我來說，**行銷的終極目標是成為「會長」，而組織的終極目標是成為「處經理」**。如果你有這個遠大目標，你會在追求它的過程中達到另一個境界。

我所設定的終極目標是——成為南山的年度總會長。這個目標促使我不敢停留在舒適圈，而是不斷追求更高的成就。在保險業中，有些人可能在襄理職位上待了十五年，或者在區經理職位上待了二十年，習慣停留在舒適圈，企圖心也逐漸消失。相比之下，我因為擁有遠大的目標，因此一直在不斷向前進，最終實現了成為會長的目標。

在達成這個遠大目標的過程中，精進我的軟、硬、巧實力是

至關重要的。帶領組織時，我必須不斷調整我的角色，如同一隻老鷹要轉變成狼王一樣，這需要大量的修煉和準備。**作為團隊的領導者，我必須能夠飛得很高，同時不怕孤獨，還要能夠扮演狼王的角色，激勵和管理團隊成員一起前進。**這樣的角色轉換並不容易，但如果擁有遠大的目標和夢想，任何人都是可以做到的。

在南山，有許多總會長同時也是處經理，像：林裕盛、李建昇、余麗卿，以及我自己也同樣在兩個角色之間不段的轉換。這證明了成為老鷹和狼王的結合是可能的。因此，關鍵不是做不到，而是你是否擁有遠大的目標和夢想去實現它們。

・十三年的堅持與努力，實現夢想

在職業生涯的第二年，當我未能如願上競賽時，我悟通了推銷和增員必須並行的重要性。推銷需要持續經營客戶，而增員則是組織團隊的關鍵。明白了這一點後，我開始全力執行，每當陷入低潮，更需要紮實地推進，落實推銷和增員的六大步驟，並在實踐中不斷完善方法。

在淬鍊期，推銷和增員的成效會受到考驗。人員流失和業績瓶頸是主要挑戰，但如果能夠堅持，組織和個人的實力都會得到提升。舒適圈讓許多人停滯不前，但如果有遠大的目標，就能突

破這個階段，成為業界的領頭羊。

經過十三年的努力，我終於實現了成為總會長的夢想。這期間，我雖然獲得了無數獎項，但也遭遇了許多挫折。尤其是在組織發展和個人行銷方面的挑戰，需要不斷學習和提升專業知識。最終，我成為了南山的第一名、年度總會長，並在此基礎上繼續精進，為年輕一代的業務員提供指導，幫助更多業務人員實現他們的夢想。

從悟通行銷和增員並進，到紮根與淬鍊並行，然後跳出舒適圈、實現遠大目標，每一步都是挑戰和成長的結合，這也是我在保險業務中逐步成長的祕訣。

走過榮耀的南山五十、南山六十，有業務員問我對南山七十的展望。我認為，把握每一年、每一個當下的努力，才有可能推進到南山七十。所以無論是南山六十一還是南山六十二，都同樣重要。我們應該活在當下，而不是過分期望遙遠的未來，**每一個當下都應該以成為總會長的目標來努力，這是我在多年激烈的競賽中所獲得的啟發。**

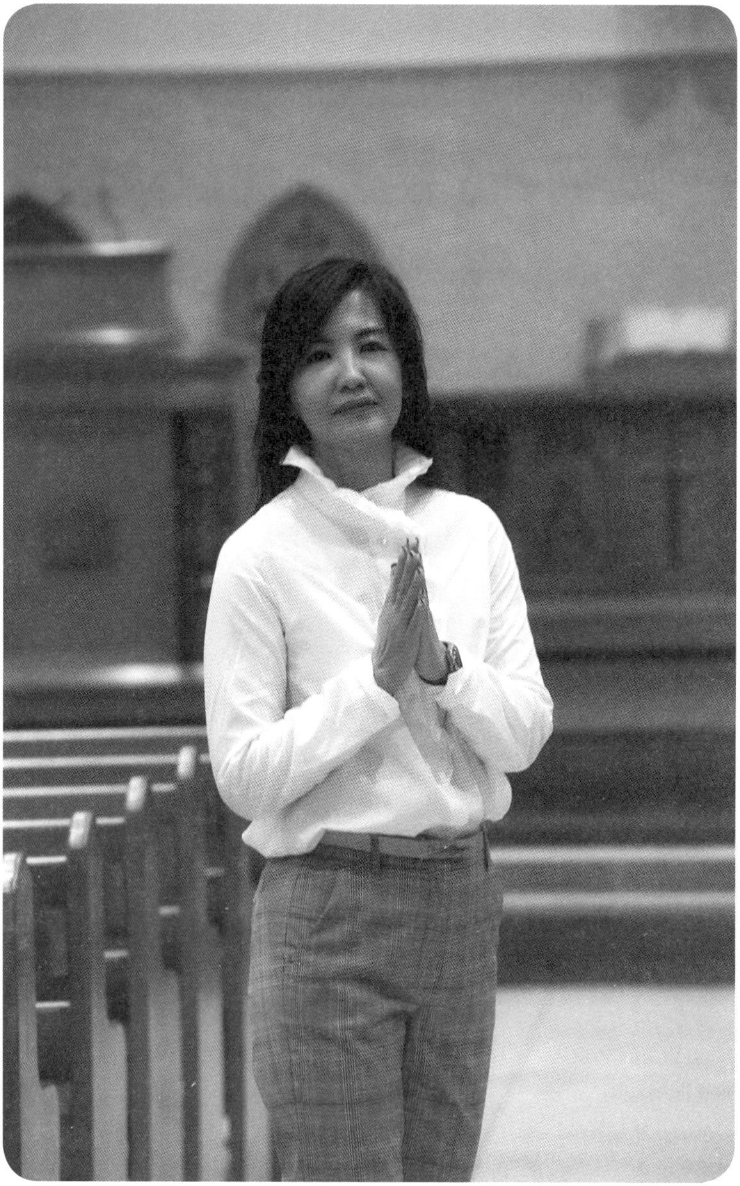

極致服務的典範
比悲傷更悲傷的故事

chapter | 1

這個故事發生在去年，是我在 2023 下半年能夠取得高業績的一個重要關鍵，也是我壽險事業從谷底翻身的一個重要案例。可以說，這是比悲傷更悲傷的故事。

去年，一位年僅五十二歲的上市公司董事長在海外就醫。他的太太當時只發了一個微信，告訴我她先生一個人在美國但身體出了狀況，醫生說是膽結石需要手術。我們認為膽結石是個小手術，沒什麼大問題。

這位董事長是一位站在第一線、上市公司的董事長，非常熱愛工作，凡事親力親為。他的父親原來在工業區經營一個加工廠，自從他接手後，公司就持續發展成為上市企業，並在世界各地都設有工廠。這位董事長經營公司運籌帷幄，事必躬親非常努力，常常安排出差去視察各地工廠。那次，他順道到美國探望在美國讀書的兒子，前一天還和兒子吃了中餐。隔天準備飛回台灣時，他突然感到身體劇痛，進了醫院，醫生診斷為膽結石，需要立即手術。

手術後三天，他太太又發微信告訴我，醫藥費高達八萬四千美元。當時我們覺得美國的醫療費用高得驚人，膽結石手術竟需花費兩、三百萬台幣。這位董事長生性節儉，他的信用卡額度也不高，所以他先刷了一半，醫院說回台灣後匯完尾款再給收據。

雖然醫藥費用昂貴，但還是得支付。我告訴他們保險可能賠不到那麼多錢，因為台灣實支實付的上限沒那麼高。也知道他因為常常出差，所以此行沒有刻意加保旅行平安險。開完刀之後，他太太提到他先生說還是不舒服，不知道是不是細菌感染，只是密密麻麻的英文文件實在不容易了解。即便如此，我仍建議不要急著回台灣，應該要等完全治療好再說。

由於這次出差他沒有帶特助隨行，三四天的療程完全是他一個人在醫院裡獨自處理。所以開完刀後，他堅持要回台灣。我問董事長太太是否已經聯絡好台灣的醫院，她說有，同學在長庚醫院，已經聯繫好了。她發 line 給我確認。我提醒她回程要坐商務艙，因為有傷口需要平躺，尤其是長途飛行。

一切叮囑完畢後，隔天董事長就要回台灣了。

來不及的稅
董事長之死

　　隔天，董事長太太打電話給我說：「靜婉，妳有沒有認識長庚的人？」我問她發生了什麼事，她告訴我她的先生昨天凌晨四點回到台灣後，沒有和家人或公司聯繫，完全失聯了。她希望我能幫忙找長庚醫院的人查一下就診紀錄，因為聽說 VIP 的姓名可以隱藏。

　　傍晚，我再次打電話給董事長的太太問情況，她說已經透過一位股東得知，董事長在急診室就醫，因為手機沒電了，無法聯繫家人。

　　我們終於放心了，找到人就好。第二天是星期天，我再次打電話詢問董事長太太，她告訴我還沒有找到人，之前的訊息只是股東的猜測。我問她有沒有聯絡董事長的醫生同學，她說同學正在休假。我建議她問問醫生同學的電話，太太說醫院不願意提供醫生的聯絡方式，但他隔天剛好有門診，所以他們會直接去門診詢問。

隔天早上，他們去找那位醫生同學，結果發現董事長根本沒有聯絡過他。此時，家人只能到警局報警。令人遺憾的是，當天傍晚，警方便尋獲董事長遺體。家人震驚，公司也不敢對外發布消息，怕引起股東恐慌。

　　此時家人雖然悲痛，但也接受了事實，希望能接回遺體處理後事。然而，檢察官表示，只要有一絲他殺嫌疑，就必須解剖遺體，不能讓家屬接回。當自己的親人突然離世，已經是極大的痛苦，而一個那麼成功的人，三四天前還好好的，突然就走了。如今家人還要面對解剖的二次痛苦，才能確定死因並開出死亡證明，且最快也要再等十天才能解剖。

渾然忘我的服務熱忱

家人再次打電話問我能否再想辦法，因為若無法接回大體就不能依照習俗舉辦後事。我說，無法接回大體是事實，你只能請禮儀公司到他陳屍的地方招魂。我為她們介紹了全桃園最權威的禮儀師，同時找了擔任立委的閨密幫忙透過關係加快解剖的時間。她親自打電話向檢察官詢問，但檢察官說，全台灣只有兩個法醫南北跑，大家都在排隊，目前已經是最快的速度了。家人後來慢慢接受了只能等待，但可想而知過程非常煎熬和痛苦。

新聞終於發布重大訊息，宣布了這位年輕的董事長突然去世的消息。這位董事長六月才正式繼承父親的職位，現在公司又需要召開董事會，讓他八十歲的父親回來接任。我看到新聞出來後，又碰到下一個難關。在台灣的司法程序中，解剖後需要二到三個月的時間才能開立死亡證明，如果沒有死亡證明，後續很多事情無法進行。

由於家屬不能接受這麼長的等待時間，我再次找立委幫忙，立委轉達解剖後就會先開立解剖證明，用解剖證明就可以辦理除戶了。我又試圖爭取快一點的進展，但家屬仍然難以接受二到三個月的等待。

幾天後，我再次拜託立委幫忙，她對我說：「靜婉，夠了，司法是有程序的。你為了這個客戶和他的家人，已經做到忘我的服務，對他們來說已經仁至義盡了。」

後來，她陪我參加了董事長的追思會。這次的追思會並不是一般的告別式，沒有政治人物參加，每個人手持白玫瑰，現場有海內外的廠商員工，重要幹部大概四五百人，同時謝絕媒體採訪。

雖然家屬本來不希望有政治人物參加，但由於我的立委朋友幫了他們很多忙，所以也受邀參加。最終，死亡證明在一個月內就核發下來了，我也陪同家屬前去偵查室領取了證明。

自責與反思
成長的起點

　　過去，我很少對自己的專業感到懷疑，但這次事件讓我深感自責，人生彷彿跌入了黑洞。首先，我感到非常自責的是，當時為什麼沒有建議董事長在美國時啟動醫療專機回國？醫療專機至少可以提供專業的照護。當時因為我們判斷他只是做膽結石手術，沒有想到會這麼嚴重。後來我也了解到，醫療專機必須符合特定條件和資格，董事長的狀況未必能符合，但我當時沒有提及這件事，這讓我很自責。

　　其次，在董事長過世期間，我一直與他的家人一同悲傷，但我的理性面同時也浮現出來。我上網查看他上市公司的股權分布，發現光是這一項，遺產稅就要繳四千萬，更別說其他的資產。而他的壽險僅有七百五十萬，這讓我更加覺得對不起他的家人。我自責的是，自從董事長買了一些基本型的保單後，我一直建議他太太應該要「預留稅源」，買足夠的壽險，但董事長及父母的保險觀念不佳，每次提到預留稅源，她都說董事長應該有現

金，加上他也不願意為了購買保險而去體檢。這些反對聲音讓我沒有進一步去說服及處理。

後來我陪董事長的太太去拿死亡證明時，檢察官先是詢問了董事長生前的工作狀況。疫情那三年，董事長成了空中飛人，每次飛到大陸都要隔離兩週，來回就耗掉一個月。他是一個對事業親力親為的人，應酬喝酒也都自己來，長期在大陸工作讓他健康狀況因此惡化。檢察官說，他在體況不佳的情況下進行了膽結石手術，導致脾臟和肝臟腫大，但真正的致死原因是心肌梗塞已經達到八成，這應該是長期飲酒所造成的。

最後我自責的是，我認識董事長這麼久，卻沒有傳達任何信仰，讓他在孤單寂寞中沒能得到神的守護。這讓我感到極度悲傷和惋惜。

去年，我一直希望在南山六十能再度創下總會長的紀錄，但前半年的所有挫折讓我備感壓力。當時，美元定存的利率高達四到五個百分點，客戶紛紛將資金轉移投資市場。這些問題相繼在上半年接連發生，使我幾乎無法達成南山一個重要競賽——三倍業績，連續十九年的極峰成績也難以維持，這一連串的事件讓我在那段時間非常負面情緒陷落低谷。就在這些挑戰不斷湧現之際，七月二十四日我又碰上董事長之死，成為壓垮我的最後一根稻草。

- **面對生命之重,成為壓垮自信的最後一根稻草**

　　過去三年裡,我經歷了許多生命中的重大打擊。三年前,我的母親因癌症末期在一個半月內離世。儘管她年紀較大,但這過程中她的生死掙扎讓我感到無比悲傷。之後,又有一位同事的丈夫在家中突然倒地,送醫後經過數小時的檢查才發現是顱內出血,卻已無法動手術。當時正值疫情無法探病,我們只能請立委幫忙安排病患的母親穿上全套防護衣,才能見兒子最後一面。最終,他在與母親見過最後一面後,兩天內離世。

　　這些事件讓我深刻體會到壽險從業人員面對的生命之重。作為業務員,我們不僅要陪伴客戶和他們的家人度過生老病死,還要承受來自生命終結的巨大壓力。這種壓力有時會讓人感到軟弱和恐懼,尤其是在我最負面的低谷中,我甚至一度想著,等這個案子辦完之後,我就不再做下去了。

- **無法敲開客戶的門**

　　第一次,我感覺到無法敲開客戶的門,這種感受在參加董事長的追思會後變得格外強烈。站在他們家的門前,我感到無比的挫折和複雜的情感。董事長的太太最後見到丈夫是在解剖室,而他的兒子與父親吃了最後一餐飯。他的女兒,原本過著就讀貴族

學校的公主生活，突然要面對這一切的現實。

這個案例讓我深刻體會到，**無論資產多麼高，生命的無常和保險的價值最終都會在這樣的時刻顯現**。我不知道如何面對他的太太、兒子和女兒。說安慰的話？還是要告訴他們壽險理賠和遺產稅的問題？我的感性和理性交織在一起，讓我甚至不知道該如何開口說第一句話。

最終，我鼓起勇氣去敲了門。進去之後，我能清楚地感受到他們的悲傷。儘管如此，我知道保險的理性一面需要立即處理，因為這筆保險金是他們目前可用的現金，同時，他們還要處理境內外的資產、了解四面八方發來的簡訊和帳單，以及處理他們父親留下的複雜財務問題。

重拾信心
走出黑暗，找回內在的光

這個案例讓我深陷黑洞，黑暗中充滿了許多複雜的情緒和挑戰。然而，我同時也意識到，若再繼續這樣下去並不是辦法。由於這段時間與客戶家人一起陷入悲傷和負面情緒中，我的身體開始出現各種發炎問題，我知道，這種狀態不能再持續下去了。

八月底全球 MDRT 年會，我決定陪同仁一起去新加坡，希望透過這個會議能讓我稍微轉移焦點。MDRT 的課程確實可以讓全球保險從業人員受到鼓舞和激勵，獲得新的知識和動力。然而，這樣的激勵是否足以點燃內在愛的力量、重拾信心，讓我得以振作起來，才是關鍵所在。

回台灣之後，我感覺焦點雖然有些被轉移，但還沒有真正找到內在的力量和光。真正的轉變是在九月初，我參加了一個名為「幸福領袖」的兩天心靈課程。這個課程是由王婷瑩老師的學生教授的，其中一個活動讓我深有體會：在黑暗的空間中進行各種

摸索體驗。我領悟到，**只有自己可以成為自己的光，只有自己能帶自己走出黑暗。**

課程中還有一個環節不斷問你「什麼是幸福？」大部分人面對這個問題時，都會回答「平安」、「健康」……等。然而，有一位教練卻回答我，「**現在的每一分、每一秒的當下，就是幸福。**」這麼簡單卻震撼人心的答案讓我瞬間領悟到，**恐懼無常，珍惜每一刻的當下才是關鍵。**

• 從低谷爬起

上完這兩天的課程後，我立即購買了王婷瑩老師的書，書中寫到幸福的昇華要靠自己，其實沒有那麼難。我悟到了兩件事：第一，我找到了掌握幸福的力量，這是神的安排；第二，我帶著這股底氣與力量，在九月初拜訪了一對VIP客戶，並送上中秋節禮物。

以前，我無論如何苦口婆心地勸這位客戶重新檢視保單，他的太太總是說他們要出國要開會，很忙。但那一天，我感覺壽險已經成為我的底氣。經歷了董事長去世的事件後，我覺得自己有了巨大的使命，不再輕言放棄。

此外，這對 VIP 其實是董事長的同行。因此，那天我鼓起勇氣約見了他們。說也奇怪，這對 VIP 平常總說很忙，但那天，他不僅問我好不好、忙些什麼，還泡茶給我喝。於是，我就對他說：「某某董事長，你們同行有位董事長前陣子去世了，你知道嗎？他才五十二歲，很年輕。」我告訴他，這位董事長是我的客戶，並從頭開始講述故事的原委，「最重要的是，現在他要繳很多稅……。」他的太太在旁邊聽到了，走過來說：「你上次不是說我們的保單有一些是早期買的躉繳保單，可能會有實質課稅疑慮嗎？那不然你最近可以幫我們整理一下。」

因此，我深信這次的經歷給予了我無比的勇氣，也感受到神的安排，讓我與這位客戶會面。這個案子讓我在十月份實現了一大筆的業績，並在之後成功開展了許多其他的案件。最終，我成為了公司第四季的業績王，同時也榮獲下半年的總會長，全國第一名，將赴澳洲領獎。此外，我還榮獲公司董事長盃的前二十名中的第一名。儘管全年因人力發展的總量化而屈居第二，但與第一名的差距僅為二十五萬業績。總是因為有遺憾，才有不斷進步的動力。

保險的底氣
壽險事業的核心

事後我對這次經歷有了更深刻的體會：**壽險是一股巨大的底氣**。同時，**如果害怕未知，那就應當珍惜每一分每一秒的幸福。愛是一切的力量，在整個黑暗中，那道光就是愛。有了愛，我們才能感恩，感恩便是幸福，而幸福才會富足**。

前財政部長林全曾提到一句話，他說繳稅的人可以分為三種類型。**第一種是突然死亡、來不及規劃的人**，例如：在〈來不及的稅：董事長之死〉這個案例中，這位董事長顯然是來不及規劃的人，他甚至想不到自己會在五十二歲時離世。這位董事長的壽險保額只有七百五十萬，卻面臨要繳付四千萬的遺產稅。這樣的案例深深地教育了我，身為專業的保險業務員，我們應堅持並持續地說服客戶，早期規劃以避免風險。

第二種人是擔心子孫不孝，不願意進行規劃的人。一方面，他們可能不願面對死亡，認為不幸不會降臨到自己身上；另一方

面,他們可能不願將財產轉移給下一代,也不願面對後代可能需要承受的負擔。許多人都有這樣的心態,因此他們往往沒有預留稅源,並且對這方面的觀念不佳。這類人占相當多數,他們的確有保險的需求,只要我們知道如何突破他們的心防。

第三種人則是乖乖繳稅的人,這類人像早期的溫世仁、王永慶等人。然而,現今台灣已經越來越少有這樣的人,因為現代的富人會將資產轉移到國外避稅。

這些分類不僅提醒了我們稅務規劃的重要性,也讓我們更了解如何以專業的知識和人性化的方法,幫助客戶有效地規劃他們的財務及未來。在這個過程中,我深刻體會到,要成為客戶信賴的顧問,不僅需要精通稅務法規和保險商品,更需要深入理解每位客戶的個人情況和需求。這樣才能為客戶提供真正有價值的解決方案,幫助他們在財務安全方面做出明智的選擇。

壽險是一個無競品,我深信壽險的意義和功能是其他商品無法取代的;壽險也是獨一無二的,透過這位客戶的案例,我更加明白,壽險是一種不被上鎖的預留稅源。它可以指定給任何他想要遺愛的人,而不僅僅是法定繼承人,並且可以實現最優化的傳承安排。

夢想無止盡
只有自己可以創造巔峰

2013 年南山五十周年時,我拿到了第一座總會長的榮耀,我記得我上台的第一句話說:「我終於夢想成真了。」以前總是聽人家說,而這次終於能親自體會到什麼叫夢想成真的感受。之後十年,我繼續帶著榮耀,創下更多的紀錄。此期間總共囊括了四次總會長及六次副總會長的紀錄。

2023 年南山六十年時,我再次因為〈來不及的稅:董事長之死〉這個使命讓我從谷底翻身的關鍵案例,拿下年度總會長的資格,並前去澳洲墨爾本領獎。這一次的領獎讓我感觸良多,因為經過二十六年,我又回到當初夢想的起點。我覺得世界是一個圓,夢想也是一個圓,夢想是一種強大的驅動力,能夠激勵我們不斷前進。**要使夢想成真,我們需要在生活中的每一刻都不斷思考它、渴望它,並且積極地去實踐它。這意味著夢想不僅僅是遠景或目標,而是需要我們全身心投入,不斷地努力和付出。最後這個圓會回到你的初衷,回到你的原點。**

當夢想成真，這是一個重大的里程碑，但並不是終點。相反，這是一個新的開始。實現夢想後，我們應該開始思考更深層次的問題——責任、使命、傳承以及保險的意義。

- 責任

夢想成真意味著我們可能會影響到更多的人，這帶來了更大的責任。我們需要對自己、對家庭、對社會負責，確保我們的行動能夠持續帶來積極的影響。

- 使命

使命是我們為什麼做這些事情的核心理由。當夢想成真，我們需要思考我們的使命是什麼，這會幫助我們找到前進的方向，並且讓我們的努力更有意義。

- 傳承

傳承是將我們的成就、價值觀和智慧傳遞給新一代。我們應該考慮如何將這些寶貴的經驗和價值觀傳遞給新一代的業務員，確保我們的努力不會隨著時間的流逝而被遺忘。

欲戴王冠，必承其重

　　保險不僅是傳統的金融與生命風險的轉嫁，更是一種安心保障和安全感。這包括我們對未來的規劃和風險管理，以確保我們的夢想能夠長久地維持並且發展。保險的真諦在於為未來提供保障，讓我們能夠在實現夢想後，無論面對什麼挑戰，都能有足夠的資源和能力來應對。

　　保險也是一場永不止息的競賽，在這個過程中，我們不斷追求卓越，期待有一天能夠實現自己的夢想，成為行業中的領頭羊。然而，我們也不應該迷失在競賽的榮譽中。**如果內心充滿幸福感和滿足感，你的心靈層次會更高，不會過分在乎短暫的得失和失敗，因為你就是你自己心中的第一名。這也是我想要給保險業務員的心理建設：欲戴王冠，必承其重，這是一個永恆的真理。**

　　在業務領域，競爭是殘酷的。我曾經因為差距二十五萬而失去總會長的資格，這讓我深有感觸。因為我們面對的不僅是市場

的不確定性，還有人為的遊戲規範。無論規則是否透明，無論競爭是否公平，只要身在其中，就必須以運動家的精神來參與競賽。

當你具備運動家的精神，就能夠在工作中展現出高尚的品質和行為準則。這些品質和心理素質，能幫助你在面對市場變化時堅持不懈、克服逆境，同時以更謙遜的心態持續學習、保持熱情，最終贏得客戶的信任並取得成功。這是保險業務的真諦，也是實現長期成功的關鍵。

進入保險市場的
三個層次

chapter | 2

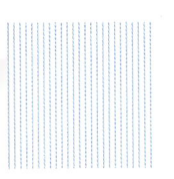

初階層次
開發親朋好友

保險業務員在開發市場時，通常會經歷三個不同層次的市場。這三個層次的開發策略，從親友緣故到陌生市場，再到高資產客戶，展示了保險業務員隨著經驗和能力的提升，其市場開發能力和方法的逐步進階。

業務員初次進入保險市場時，主要依靠與親友的關係來開展業務。業務員一定要有正確的心態，勇敢地向自己的親朋好友介紹保險。保險是一份責任和關愛，如果你連親朋好友都不照顧，那你要照顧誰？當你不照顧你的親朋好友時，他們就會成為別人的親朋好友，成為其他業務員的客戶。這一點非常重要，因為你不行銷，一定有其他業務員會行銷。例如，當你終於開口約伯母、嬸嬸談保險時，可能會聽到她們說：「哎唷，我上個月才跟你們南山的誰誰誰簽約啊⋯⋯」因此，親朋好友是業務員進入市場最容易、也最重要的起點。**只要你認同保險的意義，心態轉變得當，就能勇敢地向親朋好友開口。**

我跟大家並沒有不同，一樣都是從最基本的親朋好友開始。但因為我父母年紀較大，親朋好友大多住在外縣市，加上我與親戚的二代很少往來，甚至在路上碰面都認不出彼此，就如同陌生人一樣。在這個時代，由於網絡的發達，很多聯繫都透過 3C 商品進行，即使在聚會場合碰面，也可能互相不認識，尤其是二代或三代的我們。所以，初期我是從幾個同學開始行銷，並順利度過了壽險業的前三個月。

進階層次
隨時隨地認識人

　　當業務員已經掌握了一些基本技巧並且有了一定的經驗後，他們需要擴展新的客戶群，開發陌生人市場。如果你無法隨時隨地認識新的人，這表示你還沒有掌握保險業務的核心技能，更不用說進入高資產客戶市場了。

　　隨時隨地認識人，也是我當年投入最多心力的部分。當我拜訪了一段時間後，逐漸面臨親戚好友數量不足的問題。正如前面提到的，我與許多親戚之間並不熟悉，有時甚至完全不認識，要經營表哥、表姐等同於從陌生人開始。

　　有一天，我已經完全不知道可以去找誰，正巧去聽了一位保險前輩羅問賢處經理的演講。他的演講風趣幽默，話語直擊要點。那天演講後，我記得有位業務員問他：「處經理，我到底要去哪裡找客戶啊？」他回答道：「客戶就像匪諜一樣，出了這個門，只要是人，都是你的客戶。以後不要再問這個問題了。再問

的話，就不要進來聽我的課了。」

從那一刻起，我便悟通了這句話。原來，只要走出辦公室的門，人人都可以成為我的客戶。

· 隨緣成交的步驟：認識、讚美、肯定、問句、需求、切入

從那刻開始，我便開始隨緣開發客戶，而我的隨緣能力非常強大。任何人都可以成為潛在客戶，無論是在加油站加油、到早餐店買早餐，甚至在搭電梯時的閒聊。我記得有一次，在電梯裡遇到一位送貨員，他正推著水桶進電梯。從十二樓到一樓的短短幾分鐘內，我用「認識、讚美、肯定加問句」，迅速切入行銷步驟。到了一樓時，我已經取得了他的名片和電話。

這樣的隨緣過程，只要成功一次，就能不斷地開發新客戶，應驗了羅閂賢處經理的理論：「客戶就在你身邊。」隨緣開發的成功率極高，幾乎每次都能一次成交。例如，有一次我在百貨公司的保養品專櫃，一到專櫃便開始與櫃姐聊天，從她身上找到值得讚美與肯定的地方，然後提出問句，切入問題，找到她的需求。接著，我向她介紹我們的某個商品。下次見面時，就簽約成交了。

- 一次 Close 的成功經驗

有一次，我去印刷廠等雙週刊，準備送給保戶。跑過印刷廠監印的人都知道，印刷廠的印刷工序中，等待洗版、裝版的時間，比實際印刷的時間還要長。我在等待的過程中覺得有點浪費時間，於是便開始思考如何利用這段時間。

我看著印刷師傅，決定嘗試 close 他。於是我開始進行行銷步驟：

「先生，我覺得你很面熟耶！看起來我們年齡差不多，搞不好我們還是同一屆的。你是念哪一個學校？」這樣我們就開始認識彼此了。他告訴我他是哪個學校畢業的，工作了多久等等。

「我覺得你很不錯耶，這個工作都做了五、六年了，現在年輕人要在同一個工作做五六年真的不容易。你的穩定性一定很高，我覺得老闆請到你真的很好。」我開始讚美和肯定他。

接著，我切入了保險話題：「你做了五、六年了，那你一個月的收入大概多少啊？你都怎麼理財呢？你平常做什麼休閒活動啊？怎麼支配這些錢？」

「我跟你講,我們有一個保險商品超適合你的。你只要每個月為自己繳五千或一萬塊,只要六年就可以多出三四十萬。那時候你想換車或是買房,就有一筆不小的資金了。」

差不多到了五六點,打樣也看好了。我便對他說:「現在回家很塞車,我記得隔壁有一家玫瑰園餐廳,我請你吃飯。每次都要麻煩你,真的很辛苦!」到了餐廳,我繼續肯定、讚美加問句:「理財真的不需要多考慮,馬上行動馬上生效,越早開始越早享受。」

當天,我就成功收了六萬多的保費,一次 close。隨著經驗的累積,我隨緣 close 的能力越來越強大,關鍵在於是否願意去做。這次經驗證明,**只要掌握好每一個機會,任何人都可以成為潛在客戶**。

不過當然也有例外的案例。

像我最近增員了一位社團會長,她本身是一位成功的企業家。由於她的親朋好友可能都是高資產階層或有影響力的人士,所以她可以直接跳過前兩個階段,直接進入第三個市場。因為她的人脈本身就能幫助她快速建立起高資產客戶網絡。

但對於一般年輕人來說，**如果你沒有經歷過第一個親朋好友階段，除了代表還有行銷的心態問題外，他們就會成為別人的客戶；如果你沒有掌握隨時隨地開發陌生人的能力，就表示你也還無法掌握行銷的技巧，無法進入第三個市場。**

高階層次
刻意經營高資產客戶

第三個市場，是高資產客戶市場，也是我們這本書的重點。你必須為了實現你的理想和目標，刻意去尋找高資產的客戶群。高資產客戶在哪裡？他們在做什麼？如果不進行這樣的轉型，你的業績很難提升。

雖然我可以在早餐店隨緣，但這樣的客戶最多只能買三五萬，頂多到三五十萬的保險，而無法提升到三五百萬甚至三五千萬的業績。因此，**為了達到更高的目標和夢想，你必須進行刻意的轉型。**

過去我給自己在壽險事業訂下的遠大目標，就是成為會長，因此我刻意去經營高資產客戶及增員有人脈的人。大多數人在這個階段會選擇參加青商會、扶輪社、獅子會、崇她社等社團，這些社團中有許多高資產的人士。參加這些社團，你可以接觸到更多高資產的潛在客戶，了解他們的需求，並建立長期的人際關係。

要想經營高端市場，你需要改變自己的經營策略和客戶群體，主動去接觸和服務那些擁有更高資產的人群。首先，你得改變自己的生活方式。很多年輕人沉浸在自己的生活圈中，給自己很多藉口，沒有刻意轉型去經營高資產客戶。他們寧可在網絡上花費大量時間閒談、追劇、電玩、線上遊戲，卻無法實際行動。這種狀態下，他們無法接觸到高資產客戶，更談不上進行有效的銷售。

市場轉型
高資產客戶的經營策略

當保險業務員發展到一個相當成熟階段後，我鼓勵他們給自己更大的挑戰，進入高端市場，目標是那些高資產的客戶群體。**這不僅需要改變自己的生活方式，更需要在思維和行動上做出轉變。參與高端社交活動、進入高資產客戶的生活圈，提升自己的專業素養和社交技巧，這些都是成功的關鍵**。只有不斷挑戰自己，擴展視野，才能真正抓住高端市場的機遇，達到更高的生涯目標和夢想。

· 參與社團

一開始我參與了許多社團，從救國團到青商會，再到扶輪社和崇她社，現在已經達到另一個新的層次，可以把頂尖人物聚集在一起，比如我的閨蜜會只有十個成員，都是像建設公司董事長、CEO、立法委員這樣的頂尖人物。此外，我還參加了一些公益性社團，這些團體通常由超頂級的上市櫃董事長參與，他們的

財務實力和人脈不容小覷。

- **增員有高資產人脈的人**

在社團增員方面，除了主動尋找高資產客戶之外，我也會觀察這些客戶周圍是否還有其他高資產的親朋好友。因此，我可以增員代書和高資產的二代，甚至是社團的會長級人物。

許多企業家在培養二代或接班人之前，都希望他們能先到外界的企業中累積經驗。VIP 家庭的二代也不例外。我有一位非常頂級的 VIP 客戶，他連續送了兩個孩子來我這裡學習。他告訴我，當考慮送孩子去學習時，他只考慮兩件事：第一，去哪家公司學習？第二，跟誰學習？由於他長期認同南山的企業文化、教育訓練與環境，再加上我是南山的第一名紀錄保持人，因此成了他們孩子的理想教練和培育者。

他們主動把孩子送到我這裡學習，期望南山的業務體制和教育訓練能夠培養孩子的行銷和業務能力。對他們而言，能否賺錢倒不是最重要的考量。

在我的團隊中，有許多企業二代來學習的例子。他們都不負眾望，在初期階段做問卷調查、開發陌生客戶等實際市場行銷工

作，認真學習並通過考核。大多數都會待上兩三年，或是在家庭需要他們幫忙時才回到家族企業服務。

・食、衣、住、行、休閒、娛樂方式的改變

保險業務員需要透過改變自己的生活習慣和行為方式，融入高資產客戶的生活圈子，理解他們的需求和喜好，這樣才能在交流和互動中找到共鳴，建立信任和長期的客戶關係。以下是具體需要改變的內容：

食 高資產客戶通常注重飲食的品質和健康，他們更傾向於選擇高檔餐廳、健康餐飲和高品質食材。保險業務員需要了解和體驗這些高端餐飲文化，學會品酒、認識各類高檔料理和健康飲食習慣，以便在用餐場合中能夠與客戶交流和分享相關話題。

衣 高端客戶通常注重穿著的品牌和質量，偏愛奢侈品牌和定制衣物。業務員應該學會選擇和穿著符合場合的高檔服飾，了解時尚品牌和流行趨勢，以便在與客戶互動時展示出專業和品味，給客戶留下深刻的印象。

住 高資產客戶通常居住在高檔住宅區、豪宅或自建別墅，注重居住環境的舒適度和隱私性。保險業務員應該了解這些高檔住宅區的特點、配套設施和市場行情，甚至參觀或自己也居住在類似的環境中，這樣才能更好地理解客戶的需求和生活方式。

行 高資產客戶通常會選擇豪華汽車、私人飛機或遊艇等交通工具，注重行的品牌和安全性能。保險業務員需要了解這些交通工具的品牌、性能和價格、服務，甚至親自體驗，這樣在與客戶交流時才能展示出對其生活方式的理解和尊重。

休閒 高端客戶的休閒活動往往包括高爾夫、網球、馬術、滑雪、潛水等高檔運動，以及參加社交俱樂部、慈善活動和高端聚會。保險業務員應該參與和體驗這些活動，了解相關的文化禮儀，這樣才能在休閒場合中與客戶建立聯繫。

娛樂 高資產客戶的娛樂方式可能包括觀看高檔演出、參加私人音樂會、收藏藝術品等。業務員應該擴展自己的文化素養，參加類似的活動，了解並欣賞這些娛樂形式，以便在與客戶交流時能夠談論共同感興趣的話題。

- **內心巨大的熱情**

為什麼有些人可以轉型客群做較高資產，而有些人卻不行，關鍵就在於以下這兩點：**內心巨大的熱情，意念強大的野心**。

內心巨大的熱情是推動力。雖然我可能不喜歡打高爾夫球，但為了經營高資產客戶，我會去培養這個興趣。同樣地，即使我不喜歡品酒，為了達成我的目標，我也會努力去學習和欣賞。內心巨大的熱情，讓人對這些食衣住行、休閒娛樂和藝術充滿激情，這樣才能持久地投入。

在帶團隊的過程中，我看到很多年輕人，他們羨慕別人是會長，羨慕別人的保單金額很大，但他們卻不願意改變自己的生活方式，不願意突破現有的行為模式。試想，如果行為沒有任何改變，又怎能期望結果會有所不同呢？**只有真正投入熱情，並且願意改變和突破，才能在高資產市場中取得成功**。

- **意念強大的野心**

強大的野心在行銷意念中是至關重要的。許多業務和壽險從業人員之所以無法突破，是因為他們的客群無法改變。如果客群沒有改變，他們的業績自然也不會改變。這也是為什麼我入行這麼久之

後，仍然能在榮獲第一次總會長，事業達到巔峰之後，在後面的十年裡繼續多次榮獲總、副會長職位，就好像這個榮耀是沒有天花板一樣。一般業務員可能會覺得，我的客戶都已經開發完了，怎麼還能找到新的客群來支持我四次總會長、六次副總會長呢？正是因為我有著強大的意念——**我始終想要突破客戶的資產層級**。

我希望從資產一億的客群，突破到十億，從十億到五十億，甚至想要了解百億客戶的規劃是如何進行的。這樣強大的野心，支撐著我在南山五十之後的十年，南山六十時再次當上總會長。**因為我不斷翻轉客群，突破自我。**

如何翻轉？突破自己的專業、提升硬實力是關鍵。五千萬、一億資產的規劃、投資工具和稅務規劃，與十億、二十億資產的規劃是完全不同的。所需的知識量不僅僅是翻倍增加，而是進入了一個全新的層次，需要全新的規劃和思考。心有多大，格局就有多大。你必須打開眼界，走在高資產客戶的前面，為他們解決資產問題。

目前我已經開始經營營業額百億的企業家了。這些高資產客戶的資產不僅僅局限於國內，也會有境外資產，複雜度更高，這又是另一層次的客群和規劃。因此，強大的野心非常重要，它能夠確保你有機會攀高到另一個層次。

成功關鍵
時間花在哪裡，成就就在哪裡

在經營高端客戶的初期，我也不斷摸索，試圖了解有錢人在做什麼。因此，我參加品酒會、逛畫廊、去拍賣場，也學打高爾夫球、欣賞音樂會、看舞台劇。十多年下來，我在藝術領域也學到了不少專業知識。

所以，對於那些有心進入高資產市場的業務員，如果你因為時間和金錢有限，不能像我一樣涉略各種活動，**可以從「想知道有錢人都在做什麼」的過程中，先找到自己的興趣出發。當這件事成為你的個人興趣時，你就不會那麼排斥，反而會持之以恆地進行。**

在我成立通訊處之前，有一次公司辦的員工旅遊要去北埔的華陶窯，途中我們去了竹東的藝術館。到了藝術館之後，我發現它的建築和收藏都非常特別，便興起了為我參與的扶輪社辦一次參訪活動的念頭，同時也邀請畫廊的總監來為大家談談藝術。

到了活動當天，我與畫廊的老闆娘及藝術總監愈聊愈投緣，活動之後，我就經常參加他們兩個月一次的畫展，從取得信任感、保單健檢開始，到補足保障缺口，後來他們全家都成為了我的客戶。

在這個交流過程中，由於我經常不定期參加他們的活動，認識了當代藝術，也能夠區分野獸派、印象派，甚至普普藝術的畫風，這些是我過去在唸美工科時從未有機會深入學習的。後來，我自己也成為收藏家，開始收藏他們的畫，了解畫家的等級，也能辨別不同的畫風，慢慢培養了藝術鑑賞的能力。

在藝術館裡出入的幾乎都是竹科高階主管或者「董」字輩的人。我發現這些愛畫的風流雅士，不僅懂畫，同時也愛品酒、陶藝及雕塑。所以後來我就拜託藝術總監，有機會也能帶我一起參加其他藝術活動。也因此，我涉獵了油畫之外的其他藝術，漸漸提升了自己的「軟實力」。

這些活動直到現在仍在持續進行。每天早上，我都會收到畫廊傳來的訊息，例如最近拍賣場有哪些畫家，什麼畫風、價格大概是多少？這些藝術品現在已經增值了多少等等。**所以當你有這些想法時，機會點就會出現。而我抓住這些機會點，不僅增長了軟實力，同時也拓展了更多人脈。**

反觀現在的年輕人，我覺得如果有心經營高資產客戶或開始做業務，最基本的步驟，就是生活必須做出一些取捨。如果你花大量時間追劇、打線上遊戲，雖然這是你的興趣，但它無法賺錢，因為在這裡你無法產出一張保單、成交一筆 case。有句話形容得很好：「時間花在哪裡，成就就在哪裡」。所以你必須強迫自己轉型，因為那是一個完全不同的領域。

即便像我已經有二三十年的保險專業，當我要轉型經營高資產客戶時，也需要開始思考「有錢人在做什麼？」「有錢人需要什麼？」逼著自己每天聽財經新聞，看商業週刊、今周刊、非凡財經，甚至每年補充會計和法律的專業課程。這些都是你的「硬實力」，需要靠自己不斷地去累積。

• 意念與行動同時轉型

在我的職業生涯中，行銷與增員的同步推進是業績成長的關鍵所在。儘管這兩者同步進行，但從初階、中階再到高階，行銷和增員的實踐都需要不斷地轉換境界。

初階時的行銷與增員工作同樣重要，你的行銷市場在哪裡，你的增員市場也應該來自同樣的來源。我在這階段增員的對象包括我的同學、鄰居以及既有的客戶，這是奠基的第一步。**在這一

階段，你的選才來源與推銷市場是相通的，這也是增員的起點。

進入第二階段時，我開始探索更多轉型的機會，例如參加社團活動成為我行銷的平台，也是我開始接觸到 VIP 客戶的地方。當我開始接觸到 VIP 客戶時，我的工作型態也因此改變，我發現原來選才的標準是可以設定的。例如：我開始增員 VIP 或是 VIP 的二代。**當我自己想要轉型，我的行動也必須轉型，我的對象也要開始鎖定在比較有人脈跟比較有市場的 VIP。**

Story

增員第一個 VIP 客戶
廣結善緣、里長型的砂石業老闆娘

　　吳小姐本業是砂石業的老闆娘，是一位為人非常豪爽、像大姊頭一樣古道熱腸的人，她原來是我同學離職後留下來的一個 CASE，也是我的第一個 VIP 客戶。

　　砂石業是一個特別的行業，因其高現金流的特性，通常喜歡高槓桿、高報酬的借貸方式。對保險的理念她始終持保留態度，甚至可以說並不認同保險所提供的財務規劃。因此，在我服務她的過程中，她只購買了醫療險。

　　然而，在 2008 年金融海嘯期間，砂石業的借貸開始出現問題，她也面臨了財務風險，可能有將近一兩千萬的款項收不回來。並且由於砂石業每半年發放現金股利，現金流過多，就會面臨稅務問題，她的會計師建議她不要再將現金存放在銀行帳戶中。

我過去經常向她說明利用保險進行贈與規劃的觀念，建議她可以透過保險來贈與給她的孩子們，這樣做不僅保障了孩子們的未來，也突顯了商品的價值。在經營了一段時間後，有一天她剛好收到一筆兩百萬的現金股利，於是請我幫她做保險贈與規劃。從那時起，她成為了我的 VIP 客戶，每年保費兩百萬。

除了這張比較大的保單之外，之後只要她手上有大筆現金，她就會叫我去收單，有時候是為自己購買，有時則是為孩子規劃。由於過去某些財務風險的經驗，她後來都只要求商品穩健就好，不在乎獲利。

有一年，我告訴吳小姐我要參加競賽，爭取全公司的第一名，並成為當年度的公司總會長，那一年就是南山五十周年，也是我第一次挑戰總會長，對我來說意義重大。這時吳小姐的大姐頭氣場完全展現出來。

由於多年來我們的相處和交流，使她對保險商品已經非常有概念，她也認同並喜歡這樣的商品。於是她告訴我說：「靜婉，那個……六年期的計劃書，十萬、三十萬、五十萬、一百萬的都先準備起來。」我一開始還丈二金剛摸不著頭腦，準備這麼多份建議書要幹嘛？沒想到她準備帶我到她竹圍海水浴場附近的老家，一起在大街小巷進行掃街活動。

• **掃街賣保單**

真的不誇張，我們按照約好的時間到達目的地後，我才驚訝地發現整條街幾乎都是吳小姐的親戚。吳小姐像個里長一樣積極拜票，進了大伯家就說：「大伯，我跟你說，這位邱小姐不是業績不好喔，她是要拚公司第一名的優秀業務員。你繳三十萬，六年後就有一筆錢⋯⋯不要放郵局啦。」果然，大伯當場簽了三十萬。

接著，她來到一個年輕人家，也一樣說：「來來來，阿姨跟你講，你現在有上班了，繳十萬，六年後就會有一筆錢⋯⋯」不僅話術一樣，連金額都規劃好了。後來我們又去拜訪村長，他一進門就說五十萬，沒想到村長真的簽了五十萬。

我們連續兩天拜票收款，業績迅速拉升，有機會競爭第一名了。

整個過程中，吳小姐讓我非常感動的是，就在關帳的前一天，她還緊張地問我說：「啊，你這樣有沒有第一名啊？若不夠我再多寫一點⋯⋯不然都做到這種程度了，沒有第一名也不行啊！」因此，我真的非常感謝她的支持和信任。

最後不負眾望，南山五十我不僅榮獲第一名，成為了總會長，還達成了雙名額的成就。當然，我也帶著吳小姐一起到日本參加頒獎典禮。

這次頒獎典禮邀請吳小姐同行，起初只是想表達對她的感謝，但我沒想到吳小姐對整個旅程的安排非常驚豔，她誇讚南山的食宿水準「怎麼都吃那麼好、玩那麼好」。

回到台灣後，我毫不猶豫地邀請她參加考試。因為吳小姐不僅人脈廣泛，而且在行銷方面幾乎無所不能。而她被吸引來考試的理由真是單純的讓人忍俊不禁，她說：「這樣就可以一直出國、吃最好、住最好的嗎？」我回答她說：「對對對，頂級業務員當然吃住都要五星級啊！」

於是，她真的加入我們團隊大約有四五年的時間，每年都和我們一起出國旅遊。

社團經營
先付出，再收穫

再談到社團的經營。在經營社團的過程中，我學到了許多寶貴的經驗，我特別想分享一下這些心得。一般來說，社團活動主要以公益為主，因此你必須先付出，然後讓別人看見你的優秀。

由於社團本身的活動非常多，假如你必須要兼顧自己的行銷工作、組織發展以及服務等多重角色，時間壓力可想而知。如果要在兩者間取得平衡，必須聰明有效地運用時間，以達到雙贏的局面。

首先，你必須擁有正確的心態，明白你參與社團是為了學習和奉獻。其次，你必須努力讓自己的優秀被看見。舉例來說，有一次社團舉辦了一個舞會活動，需要社員一同表演交際舞，正式表演之前並安排了十次的排練。可是我實在沒有時間，但又不能不付出，於是我告訴他們：「雖然我無法參加這十次的排練，但我願意擔任年會的司儀。」這樣一來，雖然我缺席了排練，但卻

在重要的舞台上展現了我優秀的表現。

　　幾次主持下來，某大渡假飯店的老闆娘看到了我的表現，便主動邀請我加入台北的扶輪社，因為她在隔年即將擔任社長。這個例子證明，**透過積極參與社團活動，不僅可以提升自己的能力和影響力，還能夠開啟更多的機會和聯結，進一步實現個人的職業目標和夢想。**

> Story

社團經營的案例
三年沒有開口說保險

　　加入台北的扶輪社後,我每周都要北上參加扶輪社的例會。後來我才得知,原來在社團認識渡假飯店的董娘後,她就知道我在南山服務,但我卻從未向她提及保險的話題。即使她推薦我加入扶輪社,我還是沒有跟她談保險。相對的,在董娘擔任會長期間,我更加努力學習和付出,甚至陪她參加國外訪問,並在關鍵時刻協助她取得卓越成果。

　　直到 2018 年,董娘即將卸任社長,也是我準備再次挑戰總會長之前的一個月,我成為了桃竹苗地區的業績王。由於公司向來重視業績王這個獎項,因此舉辦了一場重要的餐會,邀請尹衍樑總裁和當時的副董事長杜英宗一起與會。南山桃竹苗地區長期以來的重要會議都在渡假飯店舉辦,因此我也希望藉機能促進董娘與南山之間的互動關係,於是我向渡假飯店的董娘發了一則簡訊:「我這個月達成全國業績王,有一個重要餐會,尹總裁和南

山的副董事長都會出席，我很想介紹你們認識一下⋯⋯」簡訊發送後不久，董娘即表示願意參加。

在餐會上，董娘與總裁、副董事長聊得十分愉快，也自然地知道我在南山的業績表現，更知道我正值挑戰總會長的關鍵時刻。餐後，高層們非常慎重地對董娘說：「希望你以後能多支持我們靜婉。」

董娘非常客氣地回應說：「沒問題，沒問題，靜婉真的很優秀。」同時，她還當著他們的面對我說：「靜婉，找個時間來我們公司談一談。」

其中一位高層知道我正在競逐南山總會長，更進一步說道：「董娘，妳要幫助靜婉，她現在要挑戰南山第一名，而且很有機會拿到，妳一定要支持她。」董娘一聽立即回應：「沒問題，沒問題。」我們當場便約定了見面的時間。

- 為董娘全家人檢視保單

當我們見面的那天，董娘安排了一間非常安靜的會議室，並請會計將家族所有的保單從保險箱中拿出來。她說這個會議室很安靜，不會有人來打擾我，讓我可以仔細檢視這些保單。看完之

後再告訴她哪些地方需要補足。

我花了整整一天的時間仔細查看了所有的保單。我發現他們特別重視醫療險，但沒有終身醫療保險，也沒有長期照護保險。因此，我提議把缺口補齊之後，全家總共加了一百萬的醫療保險，這個金額在七八年前算是相當可觀的，且這些保單都是純粹的醫療保險。

當所有的程序都已經完成之後，已經天黑了。董娘立即讓會計開出支票，並擔心地問我：「這樣可以幫助你成為第一名嗎？」

- 等待是值得的

某天，董娘在簽完約之後，我的一位學妹打電話給我，問我是否認識渡假飯店的董娘。我回答說很熟啊，我們是同一個社團的成員，而且她現在也是我的客戶。學妹告訴我說，「學姊，你知道嗎？我們之前在一個獅子會的聚會上，董娘提到了你。她特別說，『我認識南山人壽的邱靜婉處經理，她是南山的第一名，她真的很棒。我認識她三年來，她從未主動向我推銷保險，在我們社團裡一直默默地付出。後來我推薦她加入我們台北的扶輪社，她也一直熱心參與社團活動，從來沒有主動跟我提過保險，不會讓人起反感或有壓力。根據我三年的觀察，現在我也成為她

的客戶了。所以，我建議你們這些業務人員應該向她學習。」

從這番話中可以感受到，當時在場的獅友中可能也有保險業務人員。董娘過去或許曾被其他業務員過度積極的行銷手法所困擾，因此她對我這樣的做法格外欣賞。

現在董娘不僅成為我的客戶，我也成為她最信任的人之一。儘管她擁有其他公司的保單，她仍把我視為她唯一的專業顧問。每當她或家人遇到任何保險、財務或風險相關問題，她都會第一時間打電話給我。例如，幫她的先生處理理賠事宜，或者她女兒嫁到美國，她想前往陪產一個月期間，她會問我是否需要購買旅行平安險，或者是否還需要增加其他保障等等，這些都會提前找我評估。

前年，她女兒在他們自己的渡假飯店舉辦婚禮，宴請了五十桌，各界的政商名流都聚集在此，董娘也親自邀請我參加了這場盛會。

- 經營社團的迷思

當提到經營社團的經驗時，許多人對於參與社團活動感到迷失，認為這會耗費太多時間，導致本職工作被忽略或是次要化。

這種看法並非沒有依據，因為有不少人因投入社團而忽略了本來應該優先處理的事務，最終反而影響到他們的工作表現。

就我個人而言，當我當年開始經營社團的同時，正是我準備成立通訊處的關鍵時刻。面對這兩個時間上的重疊，我深知自己必須做出選擇。這並非輕鬆的決定，因為社團活動需要花費大量的時間和精力，尤其要在社團中展現自己的優秀之處，更需要長時間的參與和付出。

然而，我認為社團活動不僅僅是時間的消耗，它更是一個學習和成長的平台。**參與社團，我不僅學會如何有效地組織活動和管理資源，還在這過程中建立了寶貴的人際網絡和領導能力。**這些收穫對我個人和事業的發展都起到了積極的推動作用。

因此，當面對時間分配上的困難時，我努力找到了一種平衡點，確保社團活動不僅不會損害我的本職工作，反而能夠透過社團的活動為我的事業帶來增值和機會。**這種平衡的關鍵在於有效地管理時間，以及在每一個參與的社團活動中都盡心盡力，以展現自己的能力和價值。**

總結來說，**經營社團雖然具有挑戰性，但若能夠正確理解和運用其潛力，它將成為個人成長和事業發展中不可或缺的一部分。**

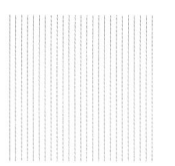

事業藍海
找到你的獨特市場

大多數的業務員都集中在中下階層競爭，使得這個族群時常面臨激烈的壓力，因為在這個層級，軟實力及硬實力的門檻比較低，所銷售的商品及服務同質性高，因此業務員必須不斷提升自己的銷售技巧和客戶服務質量，才能在眾多競爭者中脫穎而出。

台灣的保險市場有其獨特的情況。第一，台灣的人口約有兩千三百萬，投保率很高，業務員的密度也很高。目前，不僅僅是保險從業人員在賣保險，銀行和保險經紀公司也在賣保險。在這麼激烈的競爭環境下，中下階層的市場是最辛苦的，尤其是對於新進業代和已經做了很久的業務員來說，他們在這個市場中掙扎，難以翻身，一直停留在中等或中下的所得水平。

在帶領我的團隊時，我看到很多團隊成員這一兩年在競賽中的表現非常辛苦，因為他們一直在中下段這個市場中徘徊，同時還必須遵守嚴格的職業道德操守、專業技能和對客戶無微不至的

服務。一旦在這些方面稍有輕忽,就可能被銀行端的理財專員或其他競爭者取代。

高資產市場其實是現在台灣保險業中最關鍵的市場。如果你希望業績能夠超越他人,這就是關鍵市場,客戶群中的藍海。然而,<u>這個市場的競爭非常激烈,需要具備軟實力、硬實力和巧實力這三方面的綜合能力</u>。你不能輕視這些實力,不能過分自信客戶對你的黏著度足夠強。如果你不持續精進、專研和用心,仍然會被其他競爭者取代,因為還有很多私人銀行等著分一杯羹。

• 脫穎而出的三大關鍵

首先,你的專業是否紮實至關重要。當客戶需要做預留稅源的規劃時,你是否能用專業知識說服客戶,使其認識到這是他人生風險管理中不可或缺的一部分?客戶是否認同你的專業見解,進而理解這種規劃對他來說是必要的?這是業務員必須具備的第一個能力:用專業知識說服客戶,讓他們認識到規避風險的重要性。

其次,頂尖壽險公司及業務員何其多,為什麼客戶會選擇我的公司和我(邱靜婉)來提供服務?這涉及公司的商品是否具有競爭力。公司商品是否能夠滿足客戶的需求,並且在市場上具有

優勢？這是客戶選擇我們的重要原因之一。

第三，作為業務員，我邱靜婉是否具備不可取代的特質？這包括我個人所具備的專業能力、服務態度以及與客戶建立的信任關係。這些因素能夠讓客戶感受到我的價值，從而選擇與我合作。

最近，我在陪同一位業務員的過程中，體會到成為會長的旅程可以分為前半段和後半段，這兩個階段所需要的能力是截然不同的。前半段，我與大家走的是相同的路，即作為推銷員，在推銷和增員的過程中努力。但在後半段，這條路變得更加個人化和挑戰性。你必須擁有：

1. 扎實的專業知識，用專業說服客戶。
2. 公司商品的競爭力，讓客戶選擇我們。
3. 個人的不可取代性，建立與客戶的信任關係。

這三個關鍵因素共同構成了我們在保險市場中脫穎而出的基石。

保險市場的競爭激烈、挑戰重重，但如果能夠在軟實力、硬實力和巧實力上不斷提升，並保持對客戶的用心服務，就有機會在高資產市場中取得成功。

- 與強者同行，才能遇強則強

　　我二十多歲開始接觸保險業務。一開始對競賽完全陌生。進入公司後，我發現我加入的是一個競賽型的通訊處，團隊的氛圍總是強調競賽的重要性。這對我來說是全新的體驗。第一次參與公司的競賽，是在完全沒有出過國的情況下。公司主管說，只要達成競賽目標就有機會出國，當時可以看見團隊中的每個人都在衝業績。我清楚記得那年我們的目標是要去日本的荷蘭村豪斯登堡，這對一個業務新血來說，是一項巨大的挑戰。

　　那時候團隊的氛圍非常激勵人心，每個人都為了出國全力以赴。我記得當時大家會鼓勵我說，你要做到這麼多，就有機會出國。對於一個新人來說，這是極大的壓力，因為我剛接觸保險業務第一年，為了升主任已經絞盡腦汁了，根本沒有這樣的經驗和能力。通常，如果你想升主任，就要達到一定的業績水平，但參加競賽的目標是升主任業績的兩倍，這對我來說無疑是個不可能的任務。

　　團隊一直在鼓勵我，他們相信我可以做到，一定要做到，雖然我感到壓力重重，但也受到了很大的鼓舞。第一次參與競賽的經歷，讓我深刻體會到了競賽帶來的挑戰和成長機會。

- **行銷的基本功：業務工作強調的是人性**

　　我是如此幸運，三十年前初入保險業時是在一個非常良好的工作環境中成長，那是一個我吸取了大量養分、種下保險DNA並奠定良好業務基礎的地方。那便是由古國治總監帶領的中壢一處，我從他身上學到了很多寶貴的經驗。古總監本科是哲學系，由內勤轉型業務單位，因此他在行銷時非常強調人性。在我成長的過程中，他教給了我許多有關人性的課題，這些知識不僅適用於與客戶的互動，也深深影響了我對組織運作的理解。

　　古國治總監並不是一個傳統型的業務高手，所以從不教我們話術。**他銷售的不僅是保險商品，更是心理學的應用。在他的影響下，我開始認識到個人內在的重要性和人性的深刻影響力**，這些觀念對我日後的行銷業務以及組織發展都起到了關鍵作用。

　　當年他教授給我們的課程都圍繞著<u>愛與溝通</u>。可以說我在行銷強項之一「軟實力」，也是在那個時候培養出來的。他帶領我們探索恰克（Checketts）和火鳳凰（Phoenix）的巔峰銷售心理學，並把這些課程命名為「奇蹟」。除此之外，他也喜歡強調傾聽的重要性，對於業務人員來說，傾聽能力至關重要。我認為，正是在那段時間，我打下了基礎，並發展出對人性的理解與傾聽、溝通等重要的能力。

另外一位重要的導師蘇崇文經理。他在南山文化的基礎上發展出一種叫做「區運作」的方法。我們在最後一個月的衝刺時，下班前都會先回到他的家，他會帶領我們進行所謂的「區運作」。這種活動是一種藉由團隊力量集體行動，大家手拉手，關燈冥想，彼此鼓勵：「你一定可以，奇蹟一定會發生，你一定會上高峰。」那也是一種極為正面的團隊氛圍，透過這種方式開發我們心靈的潛能。

他強調心靈潛能的開發並非僅限於冥想，而是要懷抱積極的力量，宣告自己的成功如同聖經中的宣言一般。這種方式有點類似於國內第一位研究神經語言學及潛能激勵專家陳安之老師的方法，我們早期都接觸過。這股力量讓我能從零開始不斷進步，他不斷鼓勵我：「妳一定可以，妳一定可以。」我記得那些日子，特別是競賽的最後幾天，我開始理解何謂渴望的力量。我們彷彿能看到自己和其他人都想說出口：「你將會成功，你會登上高峰。」當時是我第一次真切體會到這樣的感受。

• **連滾帶爬上高峰**

在關鍵的倒數三天，團隊的力量發揮得淋漓盡致。已經上高峰的人會回來幫助那些還未上高峰的人，帶領他們一同衝刺。

競賽倒數三天，坦白說身體已經非常疲憊了。那時候，主管

或同事們會帶著你,或者是同一個團隊的人在你身邊,幫助你,陪伴你一起奮戰,鼓勵你再打電話給客戶,這種力量是無比強大的。

記憶特別深刻的是,在競賽倒數幾天,我剛好參加一個以前的同事聚會。當時我一眼望過去一個圓桌坐滿十二個人,心裡只有一個念頭,如果在場每個人都能買三萬的保單,我就成功了。也就是說,那種渴望的力量已經被激勵到非常強大。而最後真正幫我達標的關鍵是我之前在台北工作的前同事,他和他的另一半讓我趕在最後一刻送件。

當時公司規定下午三點半關帳,我匆忙奔回公司,已經是下午四點半了。當我踏進公司大門時,我的腿幾乎已經攤軟了,整個人筋疲力竭,幾乎連填保單的力氣都沒有。那時候幸好我的團隊幫我寫好文件順利送件。那一次真的是我連滾帶爬完成的第一個競賽,最後終於完成到日本豪斯登堡參與頒獎典禮的夢想,也是我踏入南山保險殿堂的開始。

當時的高興心情只維持了幾天。

去豪斯登堡參加頒獎典禮的那一天,當我看到兩千人一起在現場鼓掌時,意識到我雖然連滾帶爬到這裡來了,但僅僅只是這

兩千人中的其中一個。尤其當看到那些能上台受獎還能致詞的人,他們的業績比我高出十倍甚至二十倍,這讓我覺得自己是多麼渺小。為了這一刻,我是多麼努力連滾帶爬到這裡,而最後我只能坐在台下拍手。這就是我第一次參加競賽的感受。之後二十多年,除了第二年沒有上競賽之外,連年都出國領獎。當年可能是因為心態過於驕傲,加上我的職級提升了一階,責任額也隨之不同,業績目標更高,我卻掉以輕心因而沒有上競賽。

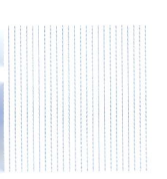

保險六字箴言
單純、聽話、照做

　　踏入保險業的心態和工作態度非常重要，因為那是未來是否能夠展翅高飛的基本功。從我們入行時聽前輩們講，到現在我面談新人時，我們都強調六字箴言：「單純、聽話、照做」。每個人初入行時程度不同，有的是有經驗的，有的是沒有經驗的，有些人有業務背景，有些人則沒有。但不管有無經驗，初階的心態和態度都應該是「單純、聽話、照做」，還要加上良好的工作習慣和態度。

　　「單純、聽話、照做」就是要單純地聽從公司、聽從主管、聽從公司交給你的任務，聽從前輩或成功人士的指導，一步一腳印扎實地完成任務。良好的工作習慣和態度為什麼那麼重要呢？因為很多人誤解保險業是自由的，這完全是錯誤的想法。從事保險成功的關鍵其實在於自律，假如進到保險業的初衷是為了追求自由，這樣的心態一定做不好。

自由是當你擁有財富、具備能力之後才可以享受的東西。**自由的根基是自律。**只有根基打好了，才能把樓蓋起來。**自由不是你一開始就能擁有的，而是你自律之後才能得到的。**

- ### 良好的工作習慣一：參與晨會

建立良好的工作習慣為什麼那麼重要？因為它代表了自律，而非自由。參與晨會需要高度的自律和紀律，這能幫助你養成良好的工作習慣。當你能夠堅持參加每一天的晨會時，你的時間管理和自我約束能力也會隨之提升。

首先，因為每天你都要面對市場的競爭、外部環境的壓力，以及來自客戶的負面情緒和反對問題，比如有人問你：「為什麼選擇做保險？」或者告訴你：「保險市場已經飽和了。」這些負面情緒每天都會不斷累積。**因此參加晨會就像吃早餐一樣，能夠提供你保險專業知識和最新資訊，讓你每天都能保持健康的心態。**

其次，參加晨會就像回到家一樣，可以讓你接受來自主管、同事和成功業務員的正向能量，這對於保持積極的工作態度非常重要。正能量能夠幫助你克服工作中的困難和挑戰，保持良好的心態，從而更好地完成工作。

第三，晨會能讓你充電。人跟機器一樣，需要不斷充電才能運行。天生下來自己就是一部發電機的人少之又少，至少在壽險業我沒見過幾個。所以，業務員應該每天參加晨會來充電。如果不充電，怎麼能保持高效的工作狀態？因此，參與晨會是最基本的良好工作習慣之一。

• 良好的工作習慣二：每會必到

良好的工作習慣的較高境界是：每會必到。晨會只是保險公司眾多會議中的一小部分，還有許多不定期的策劃會報、教育訓練、戰鬥營……等活動。很多人會忽略公司舉辦這些活動的用意，經常找藉口不參加，但這其實是很大的損失。事實上，每會必到的好處很多：

一、**持續學習與成長**：每一場會議都是一個學習的機會。不管是晨會、策劃會報、教育訓練還是戰鬥營，都能提供新的知識和技能，幫助你持續成長。尤其是在保險行業，政策變化快，商品更新頻繁，參加會議能讓你及時掌握最新資訊，保持競爭力。

二、**增強專業知識**：保險行業需要深厚的專業知識，參加會議能幫助你不斷提高自己的專業素養。透過與同行、前輩和講師的交流，你可以獲得更多的專業見解和實踐經驗，這些都是提升

自己專業水平的重要資源。

三、建立與鞏固人脈：參加各種會議能讓你結識更多的同行、前輩和業界專家，這對於建立和鞏固人脈網絡非常有幫助。良好的人脈不僅能提供工作上的支持，還能帶來更多的業務機會和合作夥伴。

四、提升工作效率：每會必到有助於你了解公司的最新政策、業務策略和市場動向，這能夠讓你更好地規劃自己的工作，提高工作效率。

五、增強團隊凝聚力：參加會議能增強你的團隊意識和歸屬感。透過與團隊成員的互動和交流，你可以更好地理解團隊的目標和方向，增強彼此之間的信任和協作，從而提高整個團隊的凝聚力和戰鬥力。

每會必到不僅僅是參加會議這麼簡單，它是提升自己專業素養、擴展人脈、增強團隊凝聚力的重要途徑。堅持每會必到，能夠讓你在保險行業中脫穎而出，實現職業生涯的持續進步。

• 良好的工作習慣三：成為第一個開門、最後一個關門的人

良好工作習慣的最高境界是每天早上第一個到公司開門，晚上最後一個離開公司並關門的人，而且能持之以恆。能夠做到這一點的人，距離「處經理」或「會長」的程度已經不遠了。良好的工作習慣不僅能幫助自己自律，提早享受自由，更能樹立好榜樣，以身作則，建立良好的團隊文化。其優點如下：

1. 展現強大的自律精神

每天第一個到公司和最後一個離開，這種自律精神是成功的基礎。自律不僅僅是對工作的堅持，更是對自己負責任的態度。這種習慣能讓你始終處於工作的最佳狀態，無論面對什麼樣的挑戰，都能從容應對。

2. 樹立榜樣

作為團隊的一員，尤其是領導者，這種習慣能夠樹立良好的榜樣，激勵其他同事也養成良好的工作習慣。當團隊看到領導者如此投入和勤奮，自然會受到鼓舞，形成一種積極向上的工作氛圍。

3. 提高工作效率

早到公司能讓你有更多的時間規劃和安排一天的工作，而晚

走則能確保所有工作都得到妥善處理。這樣不僅能提高工作效率，還能減少因時間不足而導致的壓力，讓你在更輕鬆的狀態下完成工作。

4. 提前享受自由

良好的工作習慣需要循序漸進，幫助自己自律，才能提早享受自由。當你養成這種習慣並能持之以恆，你的工作效率和成果將大大提高，這樣一來，你就能更快實現財務自由和時間自由，提前享受成功帶來的各種好處。

直到現在，我還保持這個習慣，除非我有其他外部會議或出國的安排，否則我一定是公司開門和關門的人。這種習慣讓我在工作中始終保持高效率和積極的狀態，也為我在領導團隊打下了堅實的基礎。

飛翔通訊處
邱靜婉

2013~2021 MDRT會員 / MDRT會齡9年
2017、2019 TOT
2013~ 2014、2020 COT
2013 參加MDRT年會

MDRT ANNUAL MEETING 2021 JUNE 7-9 VIRTUAL EVENT

全台唯一
焦點會議
直播Q&A
南山相挺

Ching-Wan Chiu

6/7(一) 1:30 p.m. – 2:15 p.m.
直播Q&A 2:15 p.m. – 2:30 p.m.
台灣唯一
焦點會議 增加信心與實力而奮戰

6/8(二) 2:15 p.m. – 2:30 p.m.
交流區 信心和實力鑄就堅持

面對挫折的三把金鑰

面對挫折時,採取正面的態度是關鍵。挫折並非終點,而是成長與突破的開始。在壽險事業中遭遇挫折,這些經驗都是提醒我們成長的機會和突破的契機。如何有效應對這些挑戰?我認為以下三點至關重要:

・第一把鑰匙:尋找良師益友・

建立良好的師友關係對於面對挫折至關重要:

◎**尋找比自己更成功的人**:
例如我會找南山歷任會長、總監、處經理⋯⋯等不同領域的成功人士,他們能夠為我提供寶貴的經驗分享與建議。

◎**與同階層的人交流**:
比如會長俱樂部的朋友、像邀請李建昇、陳忠進這些歷屆的

會長一起吃飯，這些同層級能夠互相理解、分享經驗，共同成長。

◎ **其他行業成功人士：**

例如我的客戶、親戚、政壇、商界，他在其他領域的成功經驗也能為我提供新的視角和啟發。

◎ **與工作領域無關的朋友及支持者：**

這一點對於面對挫折的我來說是非常重要。由於這些朋友與我的工作沒有直接利害關係，因此他們不會將我傾訴的事情帶回我的工作環境中，進一步損害我的形象或職業發展。通常我會尋求閨蜜或牧師來分享我的感受和困擾，這對我來說是一個安全的出口，我可以在他們身上釋放負面情緒，因為我知道他們會以友善和理解的方式聆聽，而不會對我的工作造成任何負面影響。

· 第二把鑰匙：信仰 ·

每個人都應該擁有自己的信仰，無論是宗教信仰還是其他形式的信念。信仰不僅是個人生活的支柱，也是面對困難時心靈上的依靠和力量泉源。這種信念可以幫助我們穩定情緒，保持前進的動力。

・第三把鑰匙：永不止息的學習・

持續不斷地學習是成功人士的共同特質：

◎**閱讀和自我學習：**

成功者通常擁有良好的閱讀習慣，他們善於吸收新知識和理解時事。例如劉群茂牧師為了讓講道更貼近時事，每週會閱讀大量報章雜誌。業務員也應當養成透過閱讀來自我學習的習慣，這樣的習慣有助於我們理解複雜的市場和金融保險環境，為客戶提供更專業的服務。

◎**利用知識來解決問題：**

閱讀和學習不僅擴展了我們的視野，還提升了解決問題的能力。在壽險事業中，了解稅法、財務規劃等專業知識，是為客戶提供更好解決方案的基礎。

人生就像一場馬拉松，有時候你會覺得自己在跑，更多時候你會覺得自己在爬。而在保險業務這條路上，挫折更是隨時在向你招手。

想像一下，你拿著一份精心準備的保險建議書，滿懷期待地敲開客戶的門，結果對方只留下一句「我不需要保險」就把你打

發了。或者，你花了幾個小時向客戶講解各種保險條款，他終於點頭表示同意了。你心裡正暗暗高興，他忽然又說：「不過，我還是再考慮一下吧。」

作為保險業務員，你會發現自己經常需要「厚著臉皮」才能生存。你得適應那些從親朋好友到完全陌生人對你的拒絕。這時候，尋找良師益友、堅定的信仰和持續的學習，都將成為我們建立心理框架、克服困難的重要支柱，有助於我們以積極的心態面對挑戰，尋找成長和突破的機會，並在壽險事業中繼續向前邁進。

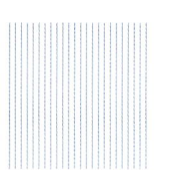

精力管理大於時間管理

　　許多人會問我如何做好時間管理，問我在這麼忙碌的情況下，怎麼能兼顧推銷、增員、帶領團隊，以及服務客戶。過去我們常常用忙碌來填補所有時間的空白，希望盡自己最大努力爭取榮譽。然而，我在上半年也遇到了一個問題，從三月到五月我總共出國了五次，這些都是職責所在，無法避免。

　　因為我是桃竹苗地區的會長，所以必須參與頒獎。此外，作為醫療險的前三十名，我得前往德國參加青年軍，特別是因為這個活動有安排參訪當地再保公司。再者，由於我是全南山業績的前二十名，榮獲與董事長一起旅遊的尊榮，當然要去。因此，我的行程總是相當緊湊，每次出國與出國返台停留期間只有短短一週。然而在完成所有會議回到台灣後，只剩下最後兩週的時間完成上半年度競賽的業績，此時我要處理自己的案子，還要處理agent的案子，並且管理整個通訊處的營運，時間管理就變得尤為重要。

今年六月，我到溫哥華參加 MDRT 年會時，聽了主場講者西恩・柯維（Sean Covey）的演講，這位世界知名的時間管理大師分享了《精力管理》的十個要點。我發現，他所分享的內容，與我一直以來身體力行的管理方式不謀而合，同時我也發現精力管理其實比時間管理更重要。費盡心思把時間填滿雖然或許也能看到明顯的成果與績效，卻常常讓自己精疲力竭，但精力管理卻能讓你事半功倍。當你精力充沛時，可以高效地完成更多事情。

如何做到精力管理呢？我把自己的體會與做法，依照《精力管理》書中所分享的十個要點分別陳述如下。

一、長遠思考：

西恩・柯維提到做每一件事都要有未來十年的思考。這意味著不能只關注當下的目標和夢想，而是要做長遠規劃。看看你十年後對健康、財富、成就……的期待，回推到現在，你就會知道當下應該做什麼。

二、深度休息：

休息的概念包括身體和工作的休息。我深知休息的重要性，所以從不會忙到完全沒有休息的時間，並且規律地為自己安排適當的休息時間，例如每天晚上十一點到十二點間一定準時上床睡覺。另外，在基督教會中，星期日是一週的第一天，是基督徒的

安息日,我們必須虔誠地遵守把這一天當作休息和敬拜的日子,所以星期天我一定會休息,不會讓身體過於勞累。

三、瞭解自己:
你必須百分之百真實地做自己,才能爆發最大的能量。一般人認為做業務就是要去交際應酬,但這不是我的風格,所以我不會勉強自己去做,而是以自己覺得最合適的方式去維持與客戶之間的關係,這樣的經營方式才能持久。

四、保持鎮靜:
每天需要給自己三十分鐘的時間用來思考、寫日記、冥想或禱告。我通常在早晨剛起床頭腦最清醒時,或是晚上洗澡洗盡一身疲憊時,利用這段時間計畫和思考,你會發現所有的正能量都會在此時爆發,無論是客戶的疑難雜症、無法突破的CASE,你都能想到解決問題的辦法。

五、規律行動:
每天的工作時數要清晰明確,不能毫無秩序、沒日沒夜的忙碌。**只要能找出自己每日最佳的工作時段及時間長度,便能推算每週、每月、每年最理想的工作時數。**

六、懂得拒絕：

對沒有效率的事情說「不」。生活中有太多誘惑，會讓我們打亂規律的生活步驟，但我能夠分辨需要或想要，並斷然拒絕那些無效益的事物。

七、時間價值：

時間就是金錢，把每小時的工作價值換算成金錢，做 CP 值比較高的工作。也就是假如我一小時可以賺一百元，我就不會去做賺十塊錢的事。

八、睡前計畫：

每天晚上睡前做好明天的計畫，這樣能保證良好的睡眠和高效的工作。我通常在睡前規劃隔天要見面的人和要談的事情，讓我在一覺好眠醒來之後，能夠神采奕奕地立刻投入工作。

九、隨時筆記：

把重要的事情及隨時發想的創意記在筆記本或手機中，不但可以不遺漏任何重要的待辦事項，更可以隨時提供工作上的幫助，不斷的創新和精進工作。

十、謙虛學習：

永遠保持謙虛，將能充滿正能量。感恩的人不會驕傲，也會

不斷地學習和成長。

另一項重要的學習，就是重新建立與時間的關係。

這來自另一位新加坡的講師、明年度總會長的分享。她說：在忙碌的工作中，必須找到人生平衡點的關鍵方法，就是刪除法。也就是刪去人生中不重要或干擾你的人事物。此外，她也透過攝影時的喀嚓一聲，領悟了「決定性的瞬間」能夠決定重要的未來。她說：「原來人生是由無數時刻組成的，而不是按每個月、每一季或每一年的影響來看。」事實上，每一個時刻都很重要，每一分每一秒，你都可能做出重要的決策，去影響未來的方向。

Story

增員頂尖人士的案例
會長增員會長

　　在我拿到首次總會長的榮譽後大約十年，我已經累積了足足十次的總、副會長經驗。我盤算了自己的精力與時間，把時間投入到更高階、CP 值更高的的服務上，客戶主要是轉型經營上市或上櫃公司的經營者和董事長，也就是個人財富可能達到十億、甚至百億資產的高端人士。

　　當時，我的好友也是立法委員推薦我加入了一個名為「工商建研會」的團體。這個會員約有三千人，他們的企業營業額合計大約占台灣 GDP 60%。這不是一般人可以進入的社團，參與資格是每一位會員每年至少要有一億元以上的營業額，而我當時並不是自營商，因此資格並不符合。

　　我發現當我想要轉向更高層次的行銷市場時，連老天都會來幫忙。

由於委員有幾天沒有司機，因此我去立法院接她。某一次的飯局上，恰好有工商建研會的成員出席，這使我有機會認識了這個社團的一些人。其中一位成員是被稱為「海產王」的董事長，他是台灣最大的海產進口商，專門從冰島、挪威進口海產，供應給許多大型飯店和日本料理店使用的魚類。這位海產王董事長曾經接受過各大媒體的邀訪，他另外還成立了一個公益社團。

我誤打誤撞地加入了這個社團，從而間接認識了許多工商建研會的董事長，也因此結識了會長Susan。

Susan是一位著名的運動休閒品牌廠商，專門為中油、中鋼等百大企業的員工訂製運動服。早期她在百貨公司擁有超過六十個專櫃，是一位非常優秀的企業家。

某次社團舉辦了一個公益活動，吸引了許多北中南的會員積極參與。Susan熱愛拍照，當天一直忙著自拍。我觀察了一會兒，發現她有幾個角度的照片拍不到，於是主動提出要幫忙。個性要求完美的Susan，還要求拍照時要取材特定的背景。我用手機拍了幾張照片，順利取得了她的LINE，並將照片傳給了她。

這些照片傳送的目的當然是為了加深我們的關係，以便藉機經營她。我除了讚美她的外貌和拍照技術外，也順口提到我住在

桃園藝文特區附近，並告訴她這裡有全台灣最美的圖書館，邀請她若有機會來桃園時，我可以當地陪，陪同她到處逛逛。

然而，她看完訊息後並未回應。

兩週後，她終於回覆了一句「謝謝妳的照片」。

一個月後，我又想起 Susan，於是主動再次發送 LINE 給她，提到她來桃園視察時邀請她參觀全台灣最美的圖書館。

然而，仍然是已讀不回。

這段互動讓我意識到，Susan 可能對這些邀約並不感興趣，或者習慣隔兩周或一個月後才有空回覆 LINE 訊息，於是也沒放心上。

• **不放棄的等待，突如其來的約會**

一個月後，Susan 突然來訊，說她某天會到桃園，問我是否方便去高鐵站接她？我暗自竊喜。雖然約定的那一天我本來要到台中開會，但為了這難得的約會，我決定再遠也要飛奔回來赴約。

接到 Susan 時已是下午四點，離晚餐還有些時間，我心裡計

畫著要帶她去哪裡逛逛。於是我建議先回我家喝杯咖啡，然後再到藝文特區吃晚餐。

在回家的路上，Susan 開始問了我許多問題。一位事業有成的成功人士，時間寶貴，絕不可能只是順路來喝杯咖啡。她開始問我：「為什麼會做保險？」「做多久了？」「做得如何？」我從她的問話中感受到，她不僅對我好奇，也對我從事保險業感興趣。她經常拜訪企業界的董事長，**探索他人的成功之道和理財策略**。這次她來桃園找我，肯定對我也有相當的好奇心。

於是，我詳細介紹了自己，特別是在南山保險取得的成就，讓她了解我不僅是一位團隊的領導者，而且是南山保險的頂尖業務員、第一名總會長。

「第一名？南山總共有多少的業務員？」Susan 問道。
我回答說：「三萬人。」

我相信 Susan 開始對我另眼看待了。

來到了我家，Susan 一進門就驚嘆道：「哇，妳一個人住這麼大的房子。」我的房子室內有六十坪，裝潢時我將其中一個房間拆除，連通客廳和書房，加上整面的落地玻璃窗，視覺上相

當寬敞。這時，Susan 又發出第二聲驚呼，問我怎麼買了那麼多畫？同時也讚嘆我對畫作的品味。

我回答說：「這些畫作大概是我二十年來收藏的成果。我高中時學過美術，對藝術一直都很有興趣。」我們隨即展開了關於畫家、藝廊、基金會等話題的討論。這時候，Susan 又開始拿起手機到處拍照，一邊開心地捕捉與每個畫作的合影，一邊心裡也見證了我的所言不假。

然後 Susan 接著說：「三萬人中的第一名耶，真不簡單啊，但是妳做得這麼好，怎麼沒結婚？」

我知道對待像 Susan 這樣的成功人士不可能馬虎應對，於是決定坦率地分享自己的感情史和愛情觀。當時已經六點鐘左右，我便提議說：「我們去吃飯吧！」

- **差異化的款待：到「執行長」喝咖啡**

考慮到 Susan 來家裡的途中有提到她在臺中的行程，與某某董事長吃飯、與某某夫人喝茶……，我猜想她應該已經吃得很飽。因此，在接待 Susan 的過程中，我一直在思考應該選擇哪家餐廳才能讓這次晚餐更特別、更難忘，希望給 Susan 留下深刻的

印象。

我說：「Susan 會長，要不然我請妳去一家不會造成腸胃負擔，又很特別的餐廳。」

「執行長」是一家最不像素食的素食餐廳，位於一幢大樓的三樓。起初妳會以為那是一個公寓大樓，直到打開門才會驚呼，原來這裡竟然有這樣一家餐廳。主廚也就是執行長本人，他過去是音樂人，那天在我們不斷讚美之後，他心血來潮還自彈自唱了兩首歌。

Susan 本身非常喜歡唱歌和跳舞，可以想像她那天玩得有多開心。用餐完畢後，我建議直接送 Susan 回中和，畢竟天色已晚，搭高鐵回台北更加耗時。一開始 Susan 客氣地推辭，但最終也無法拒絕我的堅持，最後我把她送回家，再開車回到桃園已經晚上十一點了。

由於我的這番貼心舉動，Susan 開始在社團裡不斷向會長讚美我，讚揚我不僅事業有成，還擁有豐富的藝術生活品味，更重要的是一顆體貼的心，讓不太可能認識每一個會員的會長，很快地對我有了初步認識。

- **立下再次當總會長的決心**

　　從那時候開始，Susan 偶爾會找我吃飯、聊天。在這些更頻繁的互動中，我發現 Susan 的人脈非常廣泛，她認識許多各行各業的董事長，並且展現出超強的行銷能力。正因如此，我不知不覺地把成為南山六十總會長的期望寄託在她身上。

　　我心裡想，我在南山已經服務了二十八、九年，幾乎拿過該拿的所有獎項。但我非常渴望再次成為南山的總會長，尤其是在南山五十年紀念時獲得第一次總會長的榮耀後，若能再次於南山六十年擔任總會長，對我來說是一種重大的肯定，對所有業務員來說更是巨大的激勵。因為我能藉此讓大家親眼見證，只要有堅定的決心和突破極限的渴望，一切皆有可能。

　　理想很豐滿，現實很骨感。在自我激勵完之後，下一刻就面臨「客戶不知道在哪裡？」的問題。這個時候我又想起 Susan。如果我想要突破現狀，開啟另一個行銷層次，我應該請 Susan 為我引薦她的人脈。過去我的 VIP 客戶主要是來自桃竹苗的製造業跟中小企業主。但 Susan 有我需要的人脈，即上市上櫃公司的企業家。

　　與 Susan 認識了半年之後，可能是她對我的信任感還不夠，

每次有機會互動時，她總是不斷地洗腦我——「妳第一名都當這麼多次了，那麼努力幹什麼？」「女人追求幸福就好了，為什麼要爭第一名呢？」不然就是竭盡所能地要湊合我與社團的另一位董事長，「那個董事長很 NICE，而且年營業額都超過五十億，妳不要再做保險了啦，太辛苦了，只要跟他在一起就有人照顧你一輩子啊！」

• 當希望不斷落空

　　Susan 可以每天這樣跟我聊兩三個小時，就是不願積極介紹客戶給我。我仔細思索問題的關鍵，那就是——有錢人想的跟你不一樣。我相信 Susan 是認同我的，但那時候的她並不是那麼認同保險，以她們年度營業額這麼高的企業家來說，她們更喜歡高報酬、高槓桿的投資與房地產。這下子我恍然大悟，同時也發現時間已經快要來到年中了，Susan 想要湊合我與董事長的好意，對我來說已經不是當務之急，而我也無法再等待 Susan 的引薦來爭取第一名。於是那時候我開始故意迴避 Susan 的好意，為總會長之路另闢蹊徑。

　　本來六月極峰差一點就拚不上去，七月經歷了董事長之死，到了八月心情陷入谷底，直到九、十月因為一堂幸福領袖課程終於翻轉了局勢，讓我拿到第一。

十二月的某一天剛好在一個活動裡遇到 Susan，她一見我就問：「妳做到了沒？妳不是說要拚全國第一名？」我說：「姐姐，我真的做到了，我是全國第一名總會長。」「妳是說三萬人中的第一名嗎？」Susan 聽我這麼一說，她的反應完全改變了。因為她在銷售界這麼多年、這麼成功，儘管業別不同，但她聽到我做到第一名、夢想成真，對她來說也是一種刺激。於是她開始霹哩啪啦的一連串問題：「要做到三萬人中的第一名，要收多少保費？」「妳是怎麼收的？」她開始好奇我的行銷方法及商品。

面對 Susan 的直接與犀利，我把過程一五一十的分享給她──包括我在業績的谷底時，遇到一位 VIP 董事長的突然死亡，心情陷入谷底，甚至要放棄做保險，後來如何透過上課參與活動找到了保險工作的底氣，又開始積極為 VIP 重整保單，協助他們如何預留稅源……等。

想不到這個話題引起 Susan 的興趣，沒多久之後，Susan 主動約我，希望我能夠跟她詳細說明政府即將改變的「實支實付」規定細節以及「預留稅源」的做法。那一天，我同時做了一份小孩贈與跟預留稅源的保單建議書給她。

- **原來是南山的學姊**

就在我們討論的過程，Susan 不經意的說了一句「我以前年輕的時候好像做過保險，不過忘記是哪一家？」於是我要了她的身分證一查，結果，我知道我 CLOSE 她的機會來了。

我說：「學姐，」「什麼意思？」Susan 問。我接著說：「我登錄南山快三十年，但妳登錄快三十二年，妳當然是我學姐。」她聽了之後就大笑說：「真的嗎？我是妳學姐？」聽得出來她有點驕傲的口氣。「我跟妳說，請妳準備五樣文件，我幫妳辦復效，剛才跟妳講的那麼多商品，妳可以自己來了解的更透徹一點。」

- **讓 VIP 盡享尊榮**

Susan 雖然是一個喜歡學習的人，但當時還沒有激發她下定決心來投入保險。於是我藉著第四季的業績王餐會，邀請 Susan 一起參加，希望藉由長官的美言推她一把。

「業績王餐會？」Susan 問。
「是的學姐，麻煩妳預留時間，跟我們董事長、總經理吃飯，順便來看看南山是怎麼一回事，就算妳不想看他們，我這次都做到第一名了，妳總要來送花給我，幫我慶賀一下吧！」

因為那段時間我跟 Susan 已經越來越熟悉，所以說話也更直接，「當天除了董事長、總經理之外，全省的 CAO 資深副總，以及桃竹苗的資深副總、桃園分公司經理，五大的長官都會蒞臨。這個餐會我可以邀請五個人，除了邀請妳之外，我還會邀請我的 VIP 客戶及三十年的閨蜜立委哦！」

那天，Susan 終於深刻感受到一個公司對於頂尖業務員的重視。除了由禮賓車接送所有貴賓至米其林餐廳用餐，業績王的座位更是最尊榮的主位，董事長、總經理分別坐在業績王的兩邊。好勝心的驅使之下，Susan 開始心動了，因為她做行銷這麼多年，原來有一個榮譽是她從來沒有經歷過的，叫「業績王」。於是在 Susan 的業務員資格復效之後，她也重新投入考試，包括過去的壽險以及金融市場、外幣⋯⋯，她也開始去上會計師的課，從這些知識裡面發掘了保險跟過去她所認識的已經不一樣。

Susan 更了解保險的商品後，發現很多企業家共同問題是，過去他們做了這麼多的投資理財，其實有一個防護網是完全沒有規劃的，就是他們都沒有考慮到預留稅源、指定受益人這一部分，她也發現原來保險的意義與功能，有一塊是他們在理財時完全沒有顧慮到的。這些知識開始引發她的興致，加上 top sales 的本能就是愛跟別人分享，尤其是這麼重要的訊息。

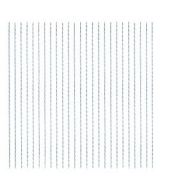

增員頂尖人士的成功法則

成功的人，除非他們認同風險的重要性和理財的不可或缺，否則他們不會那麼認真對待保險。

從增員親朋好友，到亂槍打鳥，再到增員高資產客戶和VIP二代，直到增員Susan，這一路走來，我已經進入了完全不同的新境界。我有能力將董事長級別的人引入保險行業的原因有兩點：

首先，**想要增員優秀的人，自己必須先變得優秀**。當我認識Susan的時候，從我成為業績王、總會長，整整過了一年，這些成就才足以說服她與我共事，與其他優秀的人合作。

其次，要**讓對方認同保險商品**。我提供最專業的理財、稅務等知識和資訊，幫助客戶解決他們甚至自己未曾注意到的問題。在與Susan的互動中，分享其他客戶的真實案例和預留稅源的規

劃，激發了 Susan 對於保險商品的認同和需求，也讓 Susan 更願意主動來了解商品。

最後一點是，**共創善的循環**。好的商品不僅可以解決自身問題，同時也願意分享給其他有需要的人，幫助他們解決困難。Susan 曾經**分享過潤泰集團尹衍樑總裁的話：「賺錢雖然不容易，願意幫助別人更可貴，這是人生的價值意義**。」對於 Susan 來說，她已經進入六十耳順之年，不僅事業成功，心態更加悠遊自在。她之所以願意加入南山做保險，是因為她深知賺錢不易，希望能以正確的保險知識，幫助周圍的企業主更完善地規劃財務和稅務。

在與 Susan 的合作中，我們經常為企業主提供專業的提案，與內外勤團隊合作，交叉分析商品是否符合客戶需求，評估各種投資工具的合理性。Susan 堅持完美主義，她常說：「可以做到一百分，絕不做九十九分。」她要求每一個環節都達到盡善盡美，目的就是希望我們的努力能為未來帶來更多的合作機會，創造良好的循環。這是我從 Susan 身上學到寶貴的一課。

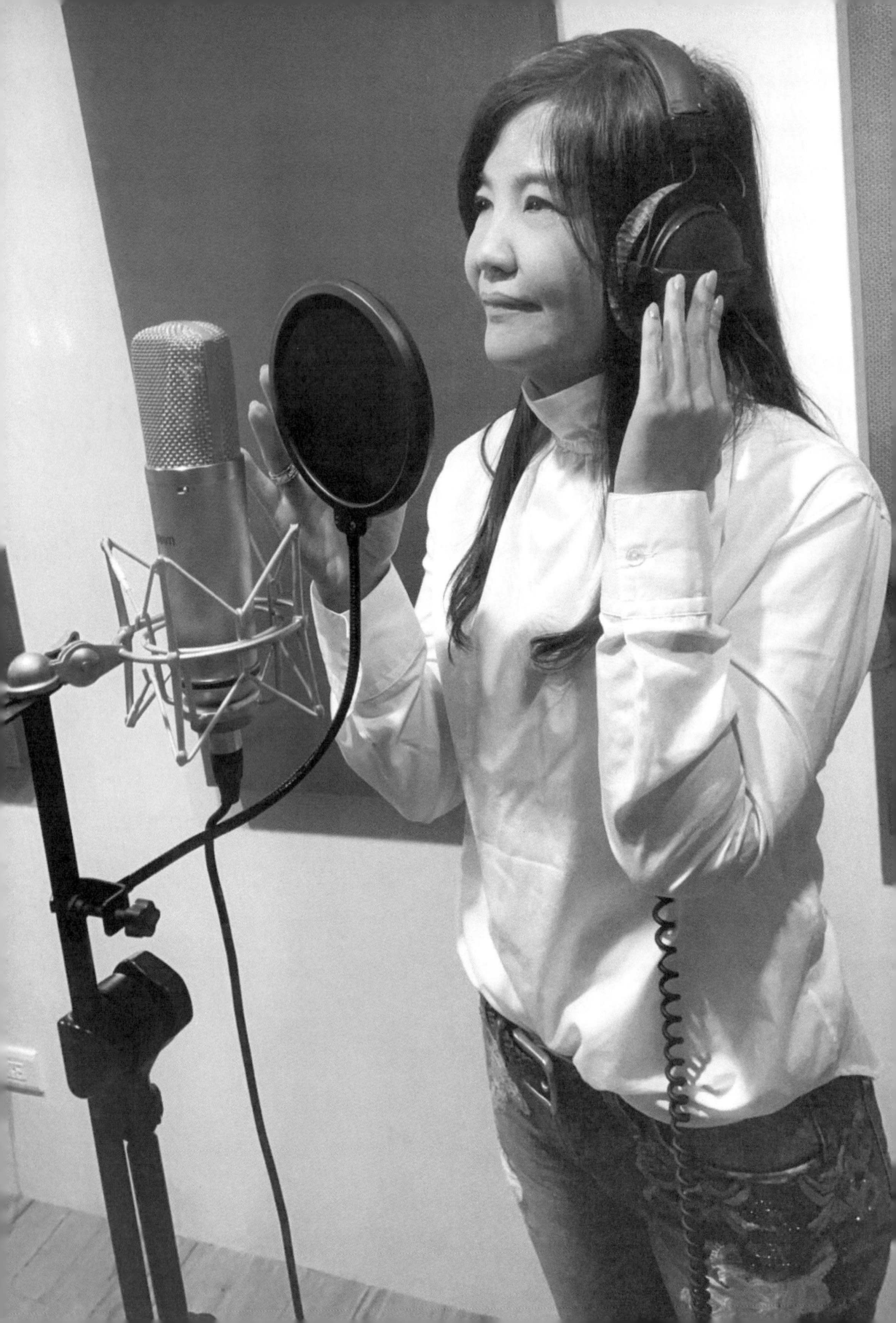

經營高端客戶的
軟、硬、巧實力

chapter | 3

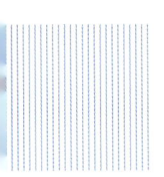

軟實力
與富有和成功人士相處的能力

在保險業務員的職業發展中,有三種關鍵能力:軟實力、硬實力和巧實力。每種能力在業務員的成功中都扮演著不可或缺的角色。

首先,軟實力是指一個人與他人相處的能力,尤其是與富有和成功人士相處的能力。這不僅僅是理解他們的生活品味和風格,例如他們偏好的品牌、愛去的旅遊地點、駕駛的車型以及喜愛的咖啡、皮包品牌等,**更重要的是在心靈上與他們建立共鳴,達到溝通的契合度**。軟實力還包括能否與他們有共同的興趣,並真正理解和欣賞他們的愛好和品味。例如:在與成功人士交流時,如果能在他們感興趣的領域展現出真誠的興趣和專業知識,就能迅速拉近彼此的距離,建立信任和友誼。這種能力能幫助你在與高端客戶和互動中游刃有餘,進而達成更多的合作。

硬實力
不斷精進的專業知識與技能

　　硬實力指的是一個人的專業知識和技能。這些知識和技能需要不斷地學習和提升，因為法律、政策和市場環境會隨時變動。例如；稅法的變更、投資理財風向的改變等，都要求我們不斷精進專業知識和技能。只有持續學習，才能在專業領域保持領先地位。例如；財務顧問需要緊跟最新的稅法和投資策略，醫療專業人士需要不斷更新醫學知識和技術，才能為客戶或病人提供最佳的服務。**這種不斷進取的精神，不僅能提升個人的職業競爭力，還能增加在專業領域中的話語權和影響力。**

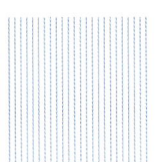

巧實力
讓對方敞開心扉、掏心掏肺的能力

巧實力則是指溝通和情緒管理的能力。這種能力表現在你如何透過有效的溝通和傾聽來了解他人的內心世界，挖掘出他們的愛恨情仇，並讓他們願意對你敞開心扉，分享他們的人生需求。 比如，在與客戶交流時，善於傾聽他們的需求和擔憂，並用真誠的態度回應，能讓客戶感受到被重視和理解，從而增強他們對你的信任和依賴。巧實力不僅能幫助你在個人關係中建立深厚的友誼，還能在職場中贏得同事和上司的尊重和支持，進一步促進你的職業發展。

結合這三種能力，保險業務員可以在激烈的市場競爭中脫穎而出，為客戶提供更優質的服務，並在職業生涯中取得長久的進步和成功。

軟、硬與巧實力的應用

在談到軟實力時,我們不得不提到高資產客戶的生活方式,包括他們的吃喝玩樂以及食衣住行。當保險業務員沒有想要改變時,他們通常會在自己的舒適圈內過著習慣的生活。例如:旅行時會選擇搭乘紅眼班機,或花大量時間追劇,這些都是因為他們沒有想要提升自己到更高的層次。

• **軟實力的應用**

然而,一旦業務員決心改變並提升到更高的層次,他們就會開始深入思考高資產客戶的生活方式。就跟《祕密》講的一樣,當你想要什麼的時候,吸引力法則就會開始發生,讓你想要的事物來到你面前。有心的業務員會研究高端客戶的吃喝玩樂習慣,以及他們在食衣住行方面的偏好。這樣的改變不僅有助於業務員更好地理解和接觸並融入高資產客戶的生活,還能幫助他們在業務上取得更大的成功。例如:我當初並未計劃成為會長,但一旦

有了這個目標，我意識到必須認識更多有錢人，並從基礎開始學習有錢人的興趣和活動。我了解到高爾夫球是許多有錢人喜歡的活動後，便開始積極探索、學習高爾夫球，逐漸融入高資產的圈子。

• 認識高端客戶，從學習打高爾夫球開始

有一天我去我姑姑家，這位姑姑是從小被領養的，雖然也叫我爸爸「哥哥」，但她還有原生家庭的親戚。我們吃飯聊天時，不久她的哥哥進來了。姑姑介紹我們認識，並向他介紹說：「這是我二哥的女兒，現在在南山做保險，她保險做得很好，不是一般的業務員。」

這時，我抓住機會展示業務員的基本能力，開始與她的哥哥交談。原來，他是一位退休的校長。我問他：「哇！你退休後都做什麼運動？你看起來很健康耶。」這些基本的話題很快打開了話匣子。他說他有在打高爾夫球。我便說：「大哥，我最近也對高爾夫球很感興趣，很想認識會打高爾夫球的人，能不能多向你請教和學習呢？」

大哥回應說：「我們禮拜幾剛好在林口有一場球賽，打完後會在球場餐廳吃飯，妳就來跟我們一起吃飯，也可以認識我的那

些球友。」我當然很高興地答應了，因此那一天我真的去了那個球場。大哥介紹我時說：「這是我妹妹的姪女，想學高爾夫球，麻煩你們這些大哥們多教教她。」

後來中午吃飯時，我左邊坐的是姑姑的大哥，右邊坐的是一位企業家李董。我發現，成功的企業家，特別是男性，都有一個共同特質：當你向他們請教時，他們都會非常樂意分享。無論是運動、打球、還是公司經營，甚至是待人處事的大道理，只要誠心讚美、虛心請教，他們不僅樂於分享，話題也因此源源不絕。

之後，他們球隊打球時經常會邀請我參加，我也不斷向李董學習打球的技巧。透過這些活動，我順利進入了高爾夫球的領域，並在後來的許多年裡與這些成功人士越來越熟悉。

- **硬實力的體現**

李董可以說是我經營保險事業中的轉型貴人。因為他的引薦，我開始認識一些大企業家。儘管如此，經營李董並不是一帆風順。雖然我已經開始與他討論保險，每年也會告訴他我想拿第一名、當會長，但每次李董都會說：「邱經理，妳們業務員一直叫人家節稅，我們政府如果沒有錢，怎麼造橋、怎麼建設？」

老實說，這樣的反對意見在我過去的保險事業中從未遇到過，一時之間也找不到合適的回答。但我每年仍然與他保持聯絡，並告訴他我要當第一名。這種情況持續了四年之久。

直到第四年的某一天，李董主動打電話給我，問：「邱經理，妳現在在做什麼？」我說：「李董，我今天心情很不好，因為業績不好，無法向公司交代。」沒想到李董毫不猶豫地說：「好，妳說需要多少，我幫我孫子買。」那次我成交了李董的第一份保單，年繳二十幾萬元。

這次成交讓我深刻體會到，**行銷其實沒有那麼困難，有時候你只需要開口就能成功**。對於這些高資產的潛在客戶，我不必每年費心想話術，也不一定要講太專業的理財知識，更不需要準備一堆提案去說服他們如何節稅、如何規劃。

成交之後，我依然像往常一樣，不定期地問候他。

隔年，李董又主動打電話給我，說：「邱經理，妳在忙什麼？找個時間來我們家一趟。」我問他：「去你家做什麼？」他說：「因為我兒子每天都唸我，說我如果再不做好稅務規劃，他們以後會很頭痛。」

那一次我認真準備了一些資產傳承的建議書,並帶了電腦和投影機,到他們家去。

　　李董的兒子是桃園市很有名的耳鼻喉科醫師,我相信他一定也認識其他業務員。然而,我是他父親熟識的業務員,透過我的說明來讓李董了解稅務規劃的重要性,信任度相對較高。但最終是否會採用我的建議並與我成交,仍是未知數。因此,我戰戰兢兢地面對這次的拜訪與提案。

　　到了他家之後,李董先是親自接待了我。我注意到他兒子從樓上緩緩走下來,坐在我對面,不經意地翻閱報紙和雜誌。此時我正好瞥見牆上掛著的畫作,我便說道:「李醫師,您這幅趙無極的畫真是相當經典,現在市場上趙無極的作品拍賣價格都是八、九百萬起跳呢。」李董立即接話道:「我兒子對藝術和投資市場都很有了解。」這時李醫師終於抬頭看向我,回應道:「妳知道這趙無極的畫啊!」接著,我又看到柱子上掛著的廖繼春的畫,同樣是一幅極具經典價值的作品。

　　李醫師隨即問我,平常都在哪裡欣賞畫作。我提到我有一位很好的客戶在竹東開了一間藝術館,專門培育台灣的新銳畫家,並問李醫師是否曾經造訪過。他笑道:「我太太是竹東人,我們怎麼會錯過呢?」這番對話讓我們終於打開了話匣子,我們聊得

非常愉快。直到最後，在我離開之前，僅僅用了二十分鐘，就成功地 CLOSE 了一筆二百萬的保單。

- ### 巧實力的展現

過去四年來，即使李董一直提出反對與拒絕，我仍持續關心他，每逢年節都會送上問候和月曆，不定期邀約吃飯或打球，保持與客戶之間的良好互動。我把他的拒絕視作為一種無聲的回應。直到第四年，當我只是輕描淡寫地提到業績不佳和心情不好時，意外地成功成交了第一張保單，後來更達成了更大的金額交易。

在與李董建立更具有信任感的關係後，我逐漸深入了解他的需求，並針對性地準備了資產傳承的建議書。在與李董及其家人的討論中，我展示了我的專業知識，並提供了具體的資產傳承方案。這些專業技能的展示，使得客戶更加信任我，最終促成了多筆保單的成交。

這其中的關鍵在於，**我在重要時刻展現了「軟實力」，找到了與客戶共同感興趣的話題，如藝術。其次，我精心準備了資產傳承的專業提案，成功說服了客戶，這展現了我的「硬實力」**。而在我們互動的過程中，我的自信和對李董的深入了解需求，以

及**提供處處為客戶著想的專業建議，充分展現了「巧實力」**。這些因素不僅使李醫師力薦他的父親購買了價值兩百萬的保單，甚至連他母親也買下了五十萬的保單。

• 如何兼具軟、硬、巧實力

　　保險業務員如何兼具軟、硬、巧實力，首先要從培養文化素養講起。**文化素養不僅是了解和尊重不同客戶群體的文化背景、價值觀和世界觀，更包括擴展自己的知識領域，以提供更有深度和廣度的服務**。在保險業務中，培養文化素養意味著能夠適應和理解不同客戶的興趣、愛好以及日常生活，這樣可以更有效地建立信任和關係。舉例來說，透過了解客戶喜愛的活動或文化背景，業務員可以更自然地引入話題，促進對話，進而構建起軟實力。同時，文化素養之外還包括對於保險商品和金融知識及了解人性的深入理解，這是發揮硬實力和巧實力的基礎，讓業務員能夠在關鍵時刻提供專業建議和解決方案，並在客戶需求和期望上表現出色。因此，透過不斷提升文化素養、稅務金融知識、了解人性，保險業務員可以更全面地發展自己的軟、硬、巧實力，提升業務成效和客戶滿意度。

• 藝術的例子 •

最好的案例就是李董與李醫師。在過去五年裡，每次我都試圖與李董談專業，分享我的會長夢想，但他總是回應說：「好啊好啊，我再幫妳介紹客戶。」或者說，「我們繳稅給國家代表我們有錢啊，道路總要有人鋪吧，公園總要有人造吧，不然對社會沒有貢獻啊。」直到第五年的某一天，我們因一幅趙無極的畫打開話夾子，因一幅廖繼春的畫，之後開啟了與藝術館的連結，整個聊天的話題都是藝術，只用最後的二十分鐘講解保單、成交保單。

業務員在培養軟、硬、巧實力時，文化素養的重要性不容忽視。透過理解客戶的興趣、價值觀和世界觀，我們不僅建立了深厚的信任關係，還成功將藝術話題轉化為業務機會。藉由這種方式，我們不再僅僅是業務上的合作夥伴，更成為了彼此的朋友。因此，**對業務員而言，不斷提升文化素養，尋找共同興趣，並在合適的時機以專業的方式置入業務，是實現長期客戶關係及成功成交的關鍵**。

・音樂・

　我想分享另外一位科技界的人士，林總。一開始我是透過轉介紹認識他的，科技人士通常都很忙碌，每次都只會要求我把資料 email 給他，雖然他可能對商品有興趣，但總是說：「我很忙，先 email 資料給我，我看看再聯絡妳。」在這樣的過程中，我們之間的交流局限於冷硬的商業話語及數字，無法深入觸及內心或共享靈命。

　有一天我開始想，面對這種情況該如何是好？他可以叫我 email，也可以叫其他人 email，這只是在做商品的比價而已。如果我們業務員只是單純比價商品，客戶怎麼會知道我邱靜婉的價值？他們又怎麼會選擇我來服務他們？因為南山、國泰、富邦都可以做比較，最後決定的標準是誰的費率最低，客戶就跟誰買。

　我跟介紹人說，再這樣下去不行。他告訴我，科技人士確實很忙，只看 email 是他們的文化。他建議我改變策略，並透漏他的興趣就是每天都要喝手工咖啡，也許我可以以此為話題的切入點。

　於是，我改變了 email 的內容，不再問他如何看待建議書或比較結果。由於他年齡比我大，我尊稱他為林大哥，告訴他我知

道他喜歡喝咖啡，特別推薦桃園的一家優秀手工咖啡店，我想帶過去給他品嚐。我強調不會占用他太多時間，這只是一個小小的心意，因為這家咖啡店的咖啡真的很棒。

當天是禮拜六，或許因為介紹人的面子關係，或許是因為我堅持不斷寄送 email，所以林大哥並沒有明確拒絕，最終還是讓我進去了他的家。進去後，我自然而然地觀察了他家的裝潢，發現他有一組非常專業的音響設備。我隨口問了一句：「林大哥，你家的音響設備看起來很專業，你一定對音樂很有心得吧？」從那一刻起，他就開始放起音樂來，古典、藍調、爵士……我們興致勃勃地聽了一個多小時。

雖然我並非對所有音樂都了解，但我找到了一個客戶喜歡的話題作為切入點。在這個過程中，我不斷讚美他的品味，不斷肯定他的選擇，並同時發問與音樂相關的問題。在我們共享音樂之後，僅用五分鐘來解釋那張美元保單的具體細節，我直接向他提出：「林大哥，關於那份保單，因為最近美元匯率波動，我可以陪您去銀行換匯，或者您已經準備好了嗎？」我知道台灣銀行停車不方便，所以我可以開車載您去，讓您可以安心換匯，這樣您的時間也會更充裕。五分鐘內成功地成交了這份保單。

當我們能以客戶真正感興趣的事物作為切入點時，軟實力的

表現將在業務的最後關頭發揮關鍵作用。

・電影・

我有一位客戶，張女士，長期居住在國外。最初我是透過她的姐姐認識她的，一開始她只購買了一些基本的醫療保險，因為她以前回台灣的時間都很短。後來她決定永久回台灣定居，我們之間的關係也變得更加熟悉。

在我們的聊天過程中，我了解到她搬回台灣是因為她的丈夫過世，她希望回到故鄉生活。我也發現她非常注重健康和養生，每天早上都吃優格水果，並且固定每日早晚做瑜珈，使她看起來一點也不像是七十多歲的人。此外，我發現她每天晚上都會觀賞一部電影，並且閱讀的書籍都是英文版本，文化素養非常高。

在閒聊中，**我透過用心傾聽她的生活瑣事，尤其是她喜歡的電影和閱讀的書籍，這也是巧實力運用在了解人性的部分。從這樣的聊天過程中，我們逐漸建立了信任關係，讓她願意敞開心扉，分享她的生活點滴。**

透過軟實力及巧實力，讓客戶願意分享她的個人故事和情感，我們便有機會找到客戶真正的痛點，進而提供適合的保險解

決方案。張女士的情況是一個生動的例子：她不希望將遺產留給她的兄弟姊妹，我說，因為她沒有子女，父母也都不在了……。當我們討論這個議題時，她突然分享了一個從未人知的過去，她在年輕時曾在「未婚媽媽之家」生下一個孩子，後來孩子被美國籍的夫妻領養。我說：「<u>**那現在唯一的方式，就是透過保險指定受益給您的孩子，否則財產將由兄弟姐妹共同繼承。**</u>」**這是她的主要痛點，她希望能夠避免將遺產留給感情並不親的親屬**。因此，我提出了一個透過保險可以解決的方案。

過去張女士只購買過小額的醫療險保單，我透過詳細的建議和規劃，讓她迅速理解商品並做出了決定，最終她幾乎把所有的資產都轉移到保單。

後來，張女士與她的女兒重逢，並透過當年的未婚媽媽之家重新建立了聯繫。現在，她最開心的事情之一就是每年去美國與她的女兒團聚。我也介紹她去住長庚養生村，並定期探望她，因為在台灣她只有自己一個人。這些行動充分展現了我的關懷和巧實力，也進一步加強了我們的關係。

· 文學與舞台劇 ·

有一位董事長,他非常喜歡張愛玲的書。為了接近他的興趣並與他互動,我也特地買了三本張愛玲的書來閱讀;我有一個非常好的朋友是立法委員,她最大的興趣就是看舞台劇。所以,只要有新戲上演,我就會陪她一起去看。

· 運動、養生、咖啡、茶道與旅行 ·

我發現,所有高資產的人士都喜愛運動。他們的太太們則熱愛旅行。另外,有一位高資產的客戶,只要話題談到如何健康飲食,他的知識之豐富幾乎可以出書。

如果你想經營高資產客戶,千萬不要去搭紅眼班機。因為**如果你沒有親身體驗過、領略過高資產人士的食衣住行與品味,你就無法進入他們的生活領域,也無法與他們產生共鳴和共同話題**。

我見過許多壽險從業人員為了省錢只搭紅眼班機,消費越便宜越好。這樣一來,你如何了解頂級 VIP 如何享受生活,更別說去和他們分享生活了。這是我認為**業務員轉型必須具備的自覺與心態**。

• 品味與品牌 •

許多業務員缺乏品味，尤其是剛進保險公司的業務員，可能因為資金有限，會偏好購買淘寶、蝦皮上的便宜商品。這樣一來，品味便停留在這個水準，無法提升。如果想經營高資產客戶，你必須了解愛馬仕、香奈兒等高端品牌。你不一定要擁有這些品牌的商品，但你不能完全不知道它們的品牌價值、流行趨勢和價格範圍。因為貴婦，尤其是高資產女性，平時談論的話題大多與名牌包和服飾有關。你不一定要擁有這些物品，但你必須懂，否則無法與潛在客戶在品味上對話。如果話題無法契合，又怎能進一步談其他事情呢？

我有一個客戶非常喜愛香奈兒和愛馬仕，她可以跟你聊這些話題一個小時，最後只需用二十分鐘談保單，成交速度非常快。我發現貴婦們只想談她們喜歡的東西，對於數字和理性分析，只要她們信任你，簡單了解就好。因此，業務員必須具備品味和對品牌的了解。女性客戶喜歡包包和服飾，而男性客戶則喜歡汽車和 3C 產品。

有一次我去一個客戶家，看到他的停車場停著路虎（Range Rover）的休旅車，我一進門便對他說，我覺得你很有品味，路虎這個品牌相對低調。然後問他，為什麼不考慮保時捷

（Porsche）或瑪莎拉蒂（Maserati）。因為他是一個外型很酷的二代，我覺得更炫的車型可能更適合他。我們從這裡開始深入談論他的品味和興趣，聊得欲罷不能。因此，經營男性客戶不能不了解汽車。你不僅要去試駕，還要知道保時捷和藍寶堅尼的價格範圍。

如果你的「軟實力」足夠強，心靈捕手的能力也會隨之增強，溝通能力也會提升。「巧實力」包括對人性的理解，透過傾聽客戶的痛點來找出需求，這樣才能促成保單成交。因此，業務員應該多讀書和充實自己，不要害怕失敗。每一次的練習和經驗積累都會讓你越來越進步。

• 心靈捕手 •

當你在經營高資產客戶時，軟實力中的心靈捕手顯得尤為重要。這些客戶或許在物質上已無憾可言，但長年來的忙碌生活卻常令他們心靈深處留下一些缺口與遺憾。因此，他們願意找人聊天，分享內心的感受，而我發現自己成了他們喜歡聊天的對象，或許是因為我擅長聆聽吧。

我深信，人生到最後，錢都不是主要問題。他們常為家人的種種擔心：太太、兒子、女兒，甚或是家族的愛恨情仇而苦惱不

已。例如，有些貴婦明明家境富裕，卻因擔心兒女或老公而日夜愁眉不展。在這樣的背景下，軟實力中的心靈捕手就顯得格外重要。

要成為一位軟實力極強的業務員，必須在心靈層面有所成長，不能只顧專業知識的硬實力。這意味著，你需要深入自我成長，不僅要學習專業知識，還應該涉獵心理學、觀看電影、心靈課程等較為軟性的文化內涵，這些都有助於提升你的心靈智慧。

早年，我曾上過淡江大學曾昭旭教授一系列兩性關係跟心靈的課程，他透過分析電影中的角色來啟發我們對人性的理解。長期的學習與實踐使我能以同理心更深刻地理解客戶的心情，從而建立更加信任的關係，讓我們更有機會走進客戶的心裡，這是一般業務員無法做到的。我也參加過其他許多心靈成長課程，近年來更深受王婷瑩老師（蓋婭媽咪 Mavis）的《幸福禪》一書啟發。

去年，我失去了一位高資產客戶（來不及的稅：董事長之死），他的太太在解剖室見到了他最後一面，這對她來說是極大的打擊，令她至今難以復原。我在那段時間，送給了她王婷瑩老師的書，希望能在她無法入眠時給予一些安慰。我跟她說，晚上睡不著的時候就翻一翻，總比吃藥或是胡思亂想好，因為心靈的昇華靠自己實在太辛苦了。

另一個案例是，我有一個高資產客戶的女兒，在她人生中遇到晴天霹靂的重大事件時，第一個打電話給我。她被退婚的隔天，我去接她來我家陪她聊天，聽她訴說和準夫家的糾葛，聽來簡直像電影情節一樣。**一個人在心靈最脆弱的時候，如果有人能陪伴和安慰，對她的支持是非常巨大的**。現在，只要我推薦新商品給她，她都不會拒絕，這便是心靈捕手的優勢。

我認為**業務員要有一個專一的信仰，這樣自己的力量才會強大**。另外，其實很多高資產客戶都會參與公益活動，因此你一定要參與其中，或者有自己關注的公益項目。不僅能激發自己的愛心，也能與高資產客戶找到共同話題。

再談到學習，我想強調的是，我們都不完美，業務員自己也會有負面情緒和軟弱的時候。但你要讓高資產客戶覺得你是他們可以信賴的人，在他們心靈脆弱時能夠依靠的人。因此，**你必須讓他們感覺到你是正面、樂觀且心靈指數高的人。這樣才能在關鍵時刻成為他們的支持和依靠**。

多年的歷練讓我深知，**業務員一定要自我充實，成為一個心靈成熟的人，才能真正與高資產客戶建立起持久的關係**。畢竟，這些客戶能透過短暫的交談便判斷出你是否值得與之深入交流，他們的時間實在太寶貴，不會浪費在毫無意義的人事物上。

- ### 時時檢視並充實自己的軟、硬、巧實力

軟硬巧實力是業務員常聽到的詞彙，但真正能夠做到位的關鍵，在於你所積累的真正能力。「巧實力」需要持續檢視，它代表你是否能與客戶成為談心的知己，無所不談？你與客戶之間的信任程度，是否足以讓他們毫無保留地向你敞開心扉、掏心掏肺，包括財務狀況，並願意委託你處理他們的投資工具？因此，信任的建立非常關鍵。此外，「軟實力」的另一個重要方面是，你是否能夠與客戶分享共同的愛好和興趣？無論是爬山、游泳、打球，還是逛街、家族旅遊，你是否能成為他們願意分享這些愛好、第一時間想到要邀請如家人一樣的伴侶？這也是需要仔細檢視的。

我發現許多業務員在硬實力方面非常強大，持有多項專業證照，但因為軟實力及巧實力不足，無法真正深入客戶的內心，無法成為他們的知己、朋友或家人，或者因為太心急而弄巧成拙。另一方面，有些人的軟實力非常出色，擅長與客戶建立關係，享受吃喝玩樂的時光，但缺乏足夠的硬實力，在關鍵時刻無法提供有效的解決方案。即使最終成交了，也僅止於一張小保單而已。

因此，軟、硬、巧實力這三者必須兼具。除了專業知識和技能外，還需要建立深厚的信任與情感連結，同時具備解決問題的靈活能力。這樣才能在競爭激烈的市場中脫穎而出，真正成為客戶心中的首選與信賴之源。

心占率 100%
與客戶建立深厚關係

經營高端客戶是一項需要精心雕琢的藝術，追求的目標是達到「心占率 100%」。這意味著保險業務員必須在客戶心中占據重要位置，成為他們值得信賴的朋友、談心的知己和合作的夥伴。

所以，保險業務員除了必須展示出自己對高資產管理的深入理解，與高端客戶並肩前行，甚至你必須要領先一步，提供他們所沒有的知識、資訊、市場趨勢，提前為客戶分析和預測各種潛在風險，並提出有效的風險管理策略。

要達到心占率 100%，保險業務員需要從多方面入手，才能真正成為客戶的顧問和合作夥伴：

人性理解：

深入理解客戶的需求、動機和生活方式,從而提供更貼心和客製化的服務。

資源分享：

不僅僅是提供保險商品,還應該分享其他有價值的資源,幫助客戶在其他方面獲得成長和共好。

能力貢獻：

利用自己的專業知識和經驗,為客戶提供超出保險範疇的建議和支持,成為他們可信賴的顧問。

顧問角色：

在客戶遇到重要決策時,能夠成為他們的智囊團,提供全面的分析和建議,幫助他們做出最佳決策。

追求「心占率100%」是一個需要耐心和智慧的過程。保險業務員必須以卓越的軟硬巧實力、深厚的專業知識和全面的顧問角色,才能在高端客戶中脫穎而出,成為他們心中無可替代的合作伙伴。

舉例來說,你可能會問,為什麼我對渡假飯店的董娘可以三

年來連一句保險都不講，但對李董卻每年固定提供資訊，沒業績就開口要求呢？這種關係如何拿捏？

我與渡假飯店董娘的交情始於社團活動，後來每月我都參加扶輪社的例會。雖然我們已認識三年，我們之間的互動保持著一定的溫度，但還不像親人般親密，所以我不會輕易開口，我必須先付出，等待時機成熟，彼此也建立了足夠的信任，我才能夠介入並為全家人提供保單服務。

相比之下，對李董來說，情況截然不同。他幾乎每個月都會邀我一同用餐，我也會看他們打球，我們的關係已經非常親密，他就像我的大哥一般。「大哥」這種熟悉程度讓我可以自然地開口，也可以說我相當有自信在李董心中「心占率100%」，這是**一種不同的人脈經營，需要拿捏好人與人之間相處的火候。**

Story

高資產客戶的案例
全省連鎖麵包店董事長的故事

陳董是全省連鎖麵包店的董事長,也是我的客戶。他在台灣北、中、南地區擁有六十多家分店,這是一個業務員展現軟實力、硬實力和巧實力方面都非常好的案例。

我與陳董是在藝術館認識的。當時,已經是我客戶的藝術總監引薦我給他認識,並提到我在南山的業績非常出色,而且他們全家的保單都是我辦理的。**作為一名專業的保險業務員,我深知要有足夠的野心和決心,爭取潛在客戶的聯繫方式,否則就失去了後續的機會**。

那一天正好是一位新銳畫家的作品展,藝術總監引薦我們認識後,我們便一邊看展一邊隨興地聊天。雖然那天看展的人很多,但陳董留了下來參加晚餐,我也順勢留下來。巧的是,陳董就坐在我對面。

作為頂尖業務員，我自然會開啟行銷模式「肯定、讚美加問句」聊些普通話題，比如說：「你們麵包店真棒，我很喜歡吃你們的養生麵包。」這樣讚美他的產品，然後再詢問他創業的經歷，試圖找到共鳴的話題。無論如何，我的目標是取得陳董的 Line，以便後續的聯繫。

幸運的是，藝術館的老闆娘也對我讚譽有加，我便順勢問陳董是否方便加個 Line，這樣我們可以在未來交流更多關於藝術的資訊。當下，陳董並沒有拒絕。

• 客戶經營的心得

取得陳董的 Line 後，我並不像一般業務員那樣每天發早安問候。一方面，我沒有那麼多時間，另一方面，早安問候通常是用來與長輩交流，對於經營客戶幫助不大。但我仍然想要經營與陳董的關係，那該怎麼辦呢？

我決定發一些高質量的文章給他，比如一篇關於張忠謀的採訪。發送後，通常只會顯示已讀。兩個月後，巧合的是，我們又在同一個藝術館見面了。那次展出的畫家是一位年輕的藝術家，大家開始討論起這位畫家的作品。我隨口說了一句感想，「我覺得這位畫家的風格很像尚米榭・巴斯奇亞，他的畫風很有童趣，

像孩子的畫,充滿卡通和機器人的元素。」

你可能很難想像,周杰倫也收藏了一些巴斯奇亞的畫作,而且每幅畫的價值都上億。我提到這位年輕畫家的作品風格,很有潛力成為像巴斯奇亞那樣的藝術家。其實,巴斯奇亞在台灣和世界都享有盛名,許多拍賣場都會推崇他,或許都要歸功於周杰倫的收藏。

這次的交流讓我們之間的話題更加深入,進一步鞏固了我與陳董的關係。

• 與陳董的持續交流

陳董聽了我對巴斯奇亞和藝術投資市場的看法後,表示:「原來妳對這些藝術投資市場也很有了解,不只是來這裡欣賞藝術而已。」我想,他對我有了一些改觀。之後,我們的聯繫依然維持在 Line 上,繼續維持已讀不回的狀態。

有一天,我發現師大 EMBA 開了一系列名為「樂活」的課程。我查了課程的細節,發現其中有一個關於養生健康的議題,這與陳董的產業十分相關。於是,我將這個資訊發給了他,並附上了一段話:

「陳董事長您好，師大有一個樂活的 EMBA 課程即將開課，開課前還有一場演講，特別邀請到陳月卿來主講。我打算去聽聽她的演講，因為我覺得其中一定有很多與您的產業相關的新資訊。不知道您是否有興趣一起去？如果您剛好在台北巡店，誠邀您一起參加。」希望這次的邀約能讓我們的交流更進一步。

簡訊發出去後，陳董可能覺得我已經經營了他快半年，再加上在藝術館的幾次碰面也讓他對我有所改觀，因此他真的答應了我的邀請。

我們約在師大見面，聽完演講後，陳董請我去吃飯。高資產客戶是這樣的：你懂得問問題和傾聽，他們也懂得問問題和傾聽。這時，陳董開始問我一些他感興趣的問題，例如我在南山工作了多久，為什麼能做得那麼好，以及對於現今保險業與金融產業的未來發展有什麼看法。他問得非常深入，我便詳細介紹了現今保險產業、南山及我的壽險工作。

我們大概聊了兩三個小時，最後結束了這次交流。在結束之前，你也會發現，這麼成功的人一定會以讚美結束。他說：「Tracy，今天和妳聊完，我真的覺得妳很棒、很認真，也是可以互相分享交流的人。」我回應道：「如果您有來桃園巡店，隨時可以跟我聯絡。」

這次的交流進一步加深了我們的互動，讓我感受到**與高資產客戶建立深厚關係的重要性**。

• 讓客戶有機會認識自己

半個月後，陳董要來桃園巡店。我提議在高鐵站見面，並表示可以接他。他一開始還有戒心，表示不需要接送，直接到我公司看看。我猜他是想確認我是否真的在南山工作，是否真的是一個通訊處的處經理。我覺得無所謂，讓他更了解我也好。

結果，陳董來了我公司，並沒有待很久，只是簡單了解了一下辦公室的環境。他隨即提議請我吃飯，並表示想順便看看藝文特區是否適合開店。在吃飯時，陳董又問了我一些問題：「Tracy，妳是怎麼經營團隊的？」我便開始談論我的壽險事業。這次談話讓他對我有了更深入的了解。

從那時起，我還沒有正式進攻，因為我希望他能對我有更多的認同，同時我也在了解他的需求。我們的互動是雙向的。他提到如果我去台南，可以到他家坐一下。他的事業發跡於台南，他的住家和母公司也都在台南。

為了經營這段關係，我當然表示要去台南拜訪客戶。

在這段過程中，我逐漸感受到我們之間的良性互動。由於我們一直在互動，也在相互瞭解更多，我認為是時候開始進一步探討他的需求和痛點了。這樣，我才能更有效地為他提供幫助和服務。

- **深入了解客戶的痛點及需求**

我開始收集資訊，了解他現在在公司的狀況，是由二代經營還是他自己經營。此外，透過媒體補充相關知識，深入研究他們產業的過去、現在和未來，逐漸發現他的痛點和需求。

原來，他的公司是家族事業。但過去，他們這種做傳統產業的生意人，尤其老一輩的人，保險觀念普遍不太好，所以他沒有什麼高額保障，只有基本的兩三百萬壽險。另外，他們很喜歡為兒子和孫子購買保險，我認識好幾位董事長都是這樣。

當我了解他的狀況後，我明白我需要用硬實力來解決他的問題，提供更全面的保險方案來保障他和他的家族。

在我感覺我們的互動越來越好，信任關係也逐漸加深之後，我決定用我的硬實力協助他突破兩三百萬壽險的層次。我想讓他了解，我在財務、稅務、勞務規劃方面的專業能力，以及作為財

務規劃顧問的資源分享和貢獻能力。

每次與他聊天時，我都會刻意提到我曾為其他客戶做過的資產傳承規劃，或者如何幫他們解決稅務問題。隨著我們探討的問題越來越深入，我們的話題逐漸轉向是否在銀行投資 ETF、國際債券或股票，以及針對他擁有的大量不動產，未來如何進行課稅規劃等。

我知道時機成熟了，便向他提議：「陳大哥，我們有一個商品，非常適合你，你要不要聽聽看？」結果，他當天就直接購買了十萬美金的商品。

• 成為客戶的顧問

在陳董的案例中，我提到「**作為財務規劃顧問的資源分享和貢獻能力**」，**這對業務員的軟、硬、巧實力來說是非常重要的。**舉個例子，客戶公司在行銷業務管理上遇到問題時，會來找我討論行銷策略、員工年終獎金的發放、客戶遺產稅的申報，或者家族繼承的問題，族繁不及備載⋯⋯通通會主動來尋求我的建議。因此，業務員是否做得到位，可以從你是否成為客戶第一個商討的顧問來檢測。

尤其是當客戶有需求時，你能提供多少資源來幫助他們。高端客戶特別注重你的實力，因此，資源分享和貢獻能力至關重要。

舉個例子，有一天，一位客戶告訴我他想要找辦公室。我只發了一個Line給一個建設公司董事長夫人，她立刻告訴我他們有商辦。結果那個下午，這位客戶就去看了商辦，還帶了他的朋友去看，當天下午就成交了三戶，創造了幾億元的業績。這就是人脈平台的應用。

此外，**要建立硬實力，就需要建立知識庫。知識庫是學無止境的**，但業務員必須自己積累這些知識庫。例如，涉及稅法、遺囑以及信託相關的知識都應該熟悉。這樣才能在客戶需要時提供專業的建議和服務。

有一次，公司接到一個080專線的陌生來電，對方說她有保險的需求，是一位來自香港的退休人士，現住在長庚養生村。當時我正擔任桃竹苗地區高資會的會長，公司認為這個資源應該由我來處理。

我與這位客戶見面後發現，他並非一般人，而是一位香港高中退休老師，來台灣定居並住在養生村，顯示他具有一定的知識

水準和複雜性。他的資產不僅在台灣，還有一些需要從境外移回來，而且他有兩個家族的資產分別來自加拿大和香港。

幸好我的知識庫足夠，能夠解決他境外資產移回境內的一些稅務問題，也能幫助他處理到台灣後資產受益人的分配，確保他的加拿大和香港親人都能受到保障。這個經歷再次強調了擁有豐富知識庫和資源分享能力的重要性，在關鍵時刻能夠為客戶提供真正的幫助。

這位客戶原本考慮設立信託，但我提出了保險的分期給付功能，以及台灣銀行針對無親屬老人設計的信託方案，還有無籽西瓜基金會的方案。由於我在退休金領域擁有豐富的知識庫和工具，能夠有效解決他面臨的各種問題。

我幾乎是用一本專門的提案來與他討論，因為他的需求涉及到境內外的投資工具、資產匯回問題，以及境外受益人的安排。他在台灣沒有親屬，因此必須精心規劃未來這些資產的執行者。甚至連遺囑的執行人也必須細緻規劃。

這個案例凸顯了我在客戶的需求分析、提供解決方案和執行計劃方面的專業能力和服務。透過深入了解客戶的個人背景和資

產配置,我能夠提供最合適的財務規劃建議,確保客戶的財務安全和利益最大化。

- 保險在資產傳承的優勢與特性

保險在高資產客戶資產傳承中扮演著關鍵角色,其專業知識涵蓋財務、稅務和法律等領域,為高資產客戶提供靈活的工具和策略,有效進行資產傳承,確保資產的保護和增值,並應對稅務挑戰。此外,保險還具有「隱密性」、「指定性」和「確定性」等特性,這些優勢是其他金融工具無法提供的。

以下是保險在資產傳承中的重要功能:

確定性:保障受益人即時的生活無虞

保險的給付速度通常比其他資產繼承方式更快,能夠在關鍵時刻為受益人提供及時的財務支持,緩解家庭成員的財務壓力,並提供心理安慰。

預留稅源：提供即時現金周轉

以不被上鎖的保險理賠金，預留遺產稅的稅源，確保受益人有足夠的現金流來支付遺產稅或其他即時開銷，並且避免沒有足夠現金繳稅而無法繼承的狀況。

稅負減免：減少遺產稅負擔

保險金通常不計入遺產總額，使受益人能夠在繼承過程中，減少遺產稅的負擔。但應注意八大實質課稅原則的風險。

指定性：避免遺產分配爭議

與遺囑相比，保險更能明確指定受益人，避免因財產分配而引發的家庭糾紛，隔離剩餘財產差額分配請求權及特留分，確保資產按照被保險人的意願移轉，將財產留給真正想照顧的人。

類信託：分期定期給付

透過分年給付，可照顧年幼子女；理財不當的受益人，或避免不當挪用。

資產保全：應對不時之需

保險不僅能保全資產，還能在關鍵時刻提供資金支持，幫助家庭應對突發的財務需求或其他風險。

效益倍增：小保費，大保障

用相對較少的保費獲得更大的財務保障，實現資產的放大效果。包括增加資產的安全性、降低風險、提高現金流或增加資產的增值潛力。

保有控制權，有權有尊嚴

要保人可通過保單更改受益人的方式，來變更或撤銷原先的財富傳承規劃及充分決定遺產用途，維護身後尊嚴。

此外，保險規劃不僅限於商業保險，還包括社會保險，如農保、公保、軍保和國保等。對於這些社會保險制度的了解尤其重要，以便為客戶提供全面的保險規劃建議。

另外，作為高資產客戶的顧問，業務員需要比客戶更深入地了解當前的股票指數、財經動態和全球趨勢。了解台灣股債的狀況、不動產市場的價格以及全球政治、經濟、戰爭等事件的影響是至關重要的。這些知識不僅能幫助業務員與客戶深入對話，還能提升顧客對業務員專業能力的信任和認可。

總之，**保險業務員在發展職業生涯時，必須擁有豐富的專業知識庫和全面的理解，以確保能夠為客戶提供最佳的保險規劃和建議。**

• 充實經濟趨勢與財經知識

為了加強自己在經濟趨勢與財經知識方面的能力，我有一些簡單的方法。每天，我都會收看《非凡財經》，並且定期閱讀《商業周刊》、《遠見雜誌》和《經濟日報》。這些知識像積沙成塔般，慢慢地累積起來。

除了積極累積專業知識，自律的學習與持續精進也是至關重

要的。政府根據不同的時局和地域通膨會修訂相應的法律法規，例如今年的遺產稅扣除額就有所調整，配偶的扣除額從原來的四百九十三萬增加到五百五十三萬。

在硬實力的塑造方面，我有自己獨特的心態。**我把每一位客戶的財富視為是我自己的財富，客戶的每一筆金錢也如同我自己的資產**。因此，當我提出任何保單建議時，**我必定將客戶的人生旅程融入我的規劃過程中**。換句話說，我深入理解客戶目前生活中正在發生的事情，並將這些情境納入我的規劃建議中。這樣做**讓我能夠同理心地為客戶規劃，並將客戶的真實需求轉化為具體的保險建議**。

對於他人而言，保險可能只是一組數字的組合，但對於我來說，每一筆數字背後都有著客戶的需求和故事。這種情感連結是非常重要的，因為只有這樣，我才能夠真正理解客戶的情感和需求，並提供最合適的保險方案。

這些都是我在業務中所堅守的原則，也是我努力提升自己專業水準的方式。

> Story

高資產客戶的案例
百年食品業第三代的傳承規劃

　　一位 Susan 的客戶，他是台灣一家百年食品企業的第三代董事長。這位大哥大約七十多歲，像大多數企業家一樣，對保險和傳承規劃不太積極，長期以來只購買境外的保單，也沒有做過長遠性的理財及稅務規劃。過去他的子女也曾經不只一次提醒必須注意稅務規劃，以免下一代無法應對高額稅負。只是他們不敢直接向董事長提出，而是透過董事長夫人傳達這個訊息。

　　由於之前我參加了一次團體旅遊，有機會跟著 Susan、董事長及夫人一起到米堤旅遊，因此董事長和夫人對我有些印象，也同意我和 Susan 一起來向他們解說保險理財與稅負這個重要議題。

　　這是一家台灣的百年企業，可想而知我們並不是唯一來提案的公司，還有許多其他保險公司的競爭者。前去提案時，我們已了解到董事長已經聽了其他保險公司的多次說明，然而，最終為

何董事長會選擇接受我和 Susan 的建議呢？

首先，Susan 與董事長有長期的友好關係，彼此之間有很高的信任度。其次，Susan 一直推薦我是南山第一名紀錄保持的優秀理財顧問，我的專業能力得到了充分肯定。第三點是一封誠懇的自薦信，也是促成這個案子的關鍵。

在董事長考慮的期間，我和 Susan 共同給董事長寫了一封信。Susan 建議我在信裡面要誠懇、自信地向董事長展示我的專業能力。如果有機會為這個案子服務，我將全力以赴提供最優質的服務。

首先，我強調雖然我和董事長的相識時間很短，但從他與夫人身上，我們可以學到許多成功人生的態度。董事長展現出的社交圈和人際關係中的隨和和好人緣，給我留下深刻印象。他們處事不拘小節，這些都是我們可以學習的價值觀。

在信中，我不僅推薦了自己，還強調了 Susan 加入南山的初衷，是因為她認同保險的重要性，並看到了企業家朋友在理財與稅負上的需求。她知道自己有能力幫助這些高資產的朋友創富守富，並且將財富順利傳承給下一代。再加上 Susan 自己也是一位成功的企業家，她明白稅負規劃對於擁有龐大資產的企業家及

二代、三代的重要性,絕不是因為要賺錢、做業績才加入南山服務。

另一個打動董事長的關鍵點是,在多次交流中,我觀察到董事長及其夫人的生活方式。董事長身為百年企業傳承的第三代,但他的子女並沒有打算進到企業來服務,而是會轉型由專業經理人來經營,種種問題使他對百年家族企業的傳承感到擔憂。正好我在當時參加了公司舉辦的一個培訓課程。這次培訓特別討論了司徒達賢教授所著關於家族企業傳承的內容,我認為這些觀點與案例將對董事長有所助益。

此外,我認為女性和男性對事物的需求有所不同。大嫂是非常文靜和氣質優雅的女性,她出身自上市公司家族,父親是電線電纜公司的老董事長。過去董事長賢伉儷都在日本求學,兩家可以說是門當戶對。而夫人雖然表面上生活優渥,但作為一位女性,一定更在乎心靈上的滿足。因此,我在寫給董事長的信中,特別將司徒達賢教授的《家族企業的治理、傳承與接班》及王婷瑩老師的《幸福禪》一起送給了董事長及夫人,希望他們能從中找到一些家族傳承和個人幸福方面的啟發和幫助。

• **讓董事長轉念的關鍵**

董事長為何到七十一歲才購買壽險？究其原因，是因為董事長對數字非常敏銳，過去一直以來都以數字來衡量風險，他認為無論如何精密規劃，保險的回報都不夠好，最終賺錢的永遠是保險公司。但事實上，**風險是算不出來的，下一秒或明天不一定哪一個先到。**

其二是，**董事長開始正視以往避而不談的問題─死亡，這是大多數人不願面對的事實**，但如今他已經轉變心態，願意接受。再者，他也開始考慮家族的傳承問題。他的孫子輩也就是家族第五代已經陸續出世，**他意識到若想將愛傳承，讓第四代安心，必須進行良好的規劃**。屆時大家也不會因為突然要面對龐大的資產及稅負而手足無措、失去了方向。

此外，董事長開始關注健康問題，在他做身體檢查的時候，醫生建議他注意一些潛在的健康風險，這也讓**他意識到人的體況是會改變的**，加上好的保險醫療商品只賣到 75 歲，如果不早做準備，等到體況變差公司拒保，未來將會面臨更大的醫療支出。

在與 Susan 的多次交流中，董事長逐漸扭轉了對保險的偏見。**加上 Susan 展示了她的專業知識和誠懇態度，以及我多年**

來投入保險的專業，與備獲肯定的無數第一名佳績，讓他對南山及對我們同時產生了信任感。這些都對董事長產生了積極影響，最終他同意進行保險公司正式體檢，並更積極配合之後的錄音錄影等行政作業流程。

最後，我們討論了保險需求以及重要的資產配置問題。他是否真的需要這麼大的壽險保額呢？是的。他為什麼急需這麼大的保額呢？這是我們專業判斷的結果。在我們首次會談時，我已經初步了解到，董事長的資產主要包括上市公司的股權和不動產等基本資產。事實上，他可能要面對上億的遺產稅負擔，這才促使他開始考慮保險和重新調整資產。

他計劃重新配置部分資產，以應對可能的遺產稅負擔。包括將一些現值較高的房地產轉換成現值較低的資產，進行資產的重新配置。然而，這樣的重分配並不是一件可以快速完成的事情。因此，他優先考慮設立合適的保額。但出於生意運營的考慮，他不希望一次性投入過多。因此，他決定先規劃部分的保額，以應對可能隨時出現的狀況。他們在生意上的確非常有經驗，也很懂得如何做好這些規劃。

此外，他也考慮到各家保險公司的評比和業務員的專業能力，他需要確保選擇最適合他需求的方案。最後，董事長終於被 Susan 與我打動，簽下了高保障的保單。

chap3 經營高端客戶的軟、硬、巧實力

VIP 的「金色通道」

在經營高端 VIP 客戶時,我們不能有虎頭蛇尾的情況。除了提供專業的保險建議外,專業的售前、售後服務同樣重要,這樣才算是完整的 VIP 服務。我稱這種一條龍的服務為「金色通道」。

一、體檢

以 Susan 的客戶為例,當案件 CLOSE 之後,董事長也同意進行體檢。對於這些高端客戶,我們需要安排 VIP 室的體檢流程,讓他們感受到特別的待遇和尊榮。尤其對於那些時間就是金錢的高資產客戶來說至關重要,不應該讓他們與普通客戶一樣排隊等候,這樣的服務品質會打折扣。

二、核保

核保程序中,除了確認身體狀況外,年齡超過 65 歲的客戶,

必須做額外的視訊和電話訪問。這時，公司內外勤需緊密合作，一次做好必要的流程，確保客戶的時間被有效利用，避免頻繁的視訊或訪問。例如，我們為 Susan 的 VIP 董事長安排了公司主管和我一同進行視訊錄影，以便在短短一個小時內完成上傳核保。

在財務核保方面，高端客戶的財務情況尤為重要。許多高資產客戶不願意鉅細靡遺的透漏個人資產，但他卻能購買五千萬或一億的保額，其中關鍵是業務員要有專業常識、能力，自己上網去查詢公開的財報……等等，來佐證他的財力，以順利核保。這不僅展示了業務員和公司的專業水平，也為核保流程提供了必要的支持。

三、收費

針對頂級 VIP 客戶，收費可以選擇信用卡扣款方式，而不是一次性從其帳戶中扣除。這種做法不僅能夠累積紅利點數和飛行里程，更符合 VIP 客戶的偏好。如何辦理信用額度這麼高的信用卡，當然在辦卡時，就得邀請銀行核卡最高權限的主管一起參與。南山使用的是與玉山合作的南山聯名信用卡，十二期零利率。對客戶來說，與其一次拿一千九百萬保費給保險公司，不如一個月繳一百五十萬，還能累積紅利及里程數，必定是更好的選擇。

四、送保單

　　送保單不僅是售後服務的開始，也是了解客戶對購買保險滿意度的良好時機。同時，業務員應定期提供稅務和財經資訊，這對於客戶的財務規劃非常重要。假如公司沒有提供這項服務，業務員要自己整理重要理財資訊來服務客戶。

五、互惠

　　保險公司每年不定期會贈送 VIP 客戶禮物、採購知名的健康食品，或是提供禮品選項讓 VIP 客戶用點數兌換。而 Susan 的這位 VIP 董事長所經營的正是知名的百年食品企業，於是我們就把這個資源與公司的「健康守護圈」對接，讓雙方的高階主管相互聯繫進行合作，不僅雙方互惠，更能共創雙贏。

　　「金色通道」不僅是體貼頂級客戶需求並提供尊榮待遇的象徵，更是一種精緻服務的體現。每一個環節都至關重要，必須全面規劃和執行，以維護良好的口碑和客戶關係。

保險聖經

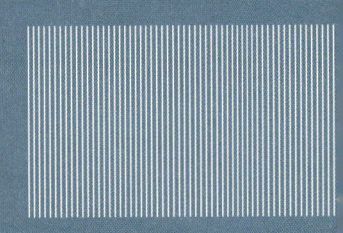

chapter | 4

很多人問我，為什麼能夠一次又一次地在競賽中表現出色，客戶源源不絕。事實上，我也曾經面臨過山窮水盡的時刻。在這些時候，我發現**永恆的真理就是堅持不懈，永不放棄**。這是我從多次競賽中得出的一條重要教訓。

另外，生命中的第三方貴人也是非常重要的。也就是你有沒有可以為你轉介紹的客戶。在這個世界上，有一個非常重要的原則，就如同**聖經中所述：「給予即是得到**。」你所付出的將最終回報給你。這個原則對於建立客戶關係非常關鍵。

除此之外，我認為還有其他一些重要的技巧。例如，**極致的服務需要達到忘我境界**。這意味著你必須全心全意地投入到每一位客戶的需求中，而不是單單為了業績而服務。

在競爭激烈的行銷領域中，必須不斷進步。在你初入壽險行業時，你可能會專注於學習技巧和如何使用「肯定讚美加問句」。然而，隨著你的成長，你需要更深入地理解客戶的需求和感受，才能真正走進他們的人生旅程。**你的每一個規劃和建議都應該以利他為先，這是我成功的關鍵之一**。

在我看來，這些都是在保險業務中非常重要的要素，它們不僅幫助我們在逆境中找到柳暗花明的曙光，同時也讓我們建立了

堅固而持久的客戶關係。這些原則不僅適用於競賽，還應用於生活的各方面。

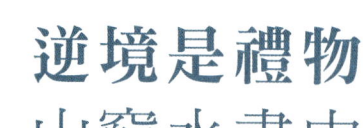

逆境是禮物
山窮水盡中藏著柳暗花明

逆境，就像是一個隱藏的禮物。每當我參加競賽時，總會在最後關頭，面臨最陡峭的山坡，那是最艱難的時刻，也是人最容易放棄的時刻。然而，經歷過多次競賽後，我發現，這個最陡峭的時刻是每個業務員都必須經歷的試煉。每個人在那個地方都會身心疲憊，但正是在這種疲憊中，才能真正考驗我們是否堅持夢想與理想。

逆境中往往會出現奇妙的轉機，總會有柳暗花明的時刻。在我無數次覺得已經無法繼續時，總會有貴人出現。**而這些轉機，往往來自於你紮實的行銷和經營客戶，讓你在最需要的時候，能夠提領恩典。**

例如某次競賽的最後幾天，排行前三名的成績非常接近，我雖然有機會成為第一，但兩個對手也在全力拚搏，尤其其他兩位競爭者從未當過第一名，這次如此接近夢想，肯定會全力以赴。

有時候，我也會有暫時放棄的念頭，把機會讓給其他競爭對手，因為我知道能夠得第一名對業務員是多大的鼓勵，也是壽險事業一生的夢想。但一想到競賽場上自我的責任，我便打消了這個念頭。雖然我已經有近十次總副會長的資歷，但我一樣不能放棄這次機會。

當時，我讀到一篇由飛躍的羚羊紀政寫的一篇報導：「**競賽場內，你要對你自己負責到底；競賽場外，我們可以成為一生的朋友**。」這句話給了我很大的啟發，讓我決心跑到終點，對自己負責。

峰迴路轉都有禮物，正當我走在最陡峭的山坡，已經覺得真的不知道要找誰，前三名成績又那麼接近，我的數字卻怎麼也上不去時，好消息就接著來了。

那天，我去送一份二月份的保單，順便幫客戶一家三口整理保單。結果一坐下來吃飯，對方就跟我說：「我媽媽真的好有福氣啊！又有一筆錢進來。」我還來不及回應，她又說：「我老公從大陸退休回來，為了讓我在財務上有安全感，也給了我一筆錢作為理財資金，……」這是之前完全沒有的訊息。她又接著說：「我覺得我過去買太多的保單都是沒有還本的，我現在想要還本型，讓我們可以用還本來生活及去旅遊。」好消息來的太快，但

同時又面臨另一個考驗。因為她媽媽住在南部，對我的業績是遠水救不了近火，而老公要給她的那筆錢，定存還沒有到期，所以我要在幾天之內拿到業績，其實還是有一些困難。

這天是 5 月 31 日，也是結算業績的前夕，我回家沉澱了一個晚上，心念一轉，隔天一早我立刻撥電話給她，請她務必跟我見個面。她說：「有那麼急嗎？我今天要去臺大複診。」是的，非常急。一見面，我就跟她說：「妳現在又有機會幫助我當第一名了，我們一起來克服困難。」

我建議先用她自己手邊可動用的錢，幫她的媽媽跟先生做本來就要做的終身還本型保單……，結果她仔細盤算了之後，我順利的收了四百多萬的保費。

這段經歷讓我深深體會到，只要堅持，商機總會出現，儘管過程中充滿挑戰。雖然客戶的錢不是馬上能準備好，但**因為我的專業規劃和大膽要求，最終撥開烏雲見到曙光。**

還有一位紡織廠的董娘，我認識她後，先提供服務，因為她身邊已經有很多保險從業人員。我偶爾會請她們吃飯，或順路載她們去某個地方，但從未主動開口談業務。也是在某一次競賽的最後階段，當我無計可施時，這位董娘主動打電話給我，說銀

行理專提到的美元商品,她一聽是南山的商品,既然是南山的商品,當然就交給最熟悉商品、最頂尖的業務員來服務。

　　這些經歷告訴我,只要踏踏實實地做好每一步,在最關鍵的時刻,總會有禮物出現。逆境中,最考驗的是業務員的堅持。很多業務員在困難時刻會先自我放棄,說自己不行。**我則從不畏艱難,堅持到最後一刻,無論多麼疲憊,我仍然努力攀登那最陡峭的山坡。這種態度,也讓我一次又一次的在逆境中找到柳暗花明的曙光。**

堅持永不放棄
永恆的真理

　　我有一位業務員,他的故事完美展現了堅持的重要性。前年下半年,我陪同他作業,一邊也在角逐地區會長的職位。他的案子非常能感受到堅持的重要。在當今的環境下,有很多嚴格的規定,使核保變得非常困難。這個案子在最後三天,五張保單中有兩張核過了,但還有三張沒有核過。後來總公司的北區核保人員打電話來說,這些單子必須退回,如果要繼續投保,需要重新提交扣款人信息,而扣款人必須是直系血親,但我們的扣款人是非直系血親的親屬。

　　在這樣的過程中,我們提出了合理的簽名和要保文件,但公司依然不接受。如果在最後三天我們撤掉這個案子,業務員將無法取得排名,而我也無法成為地區會長。這個案子關係到七百多萬的加權業績,如果不過,我們努力了半年的競賽及業務員經營這個案子兩年多都白費了。

於是我們再度向公司說明情況，請求核保通過。公司說要照會法遵（法令遵循覆核人員），法遵人員可以回覆相關問題。到了倒數第二天，我們還沒有收到回覆，我和業務員仍然在爭取。

業務員甚至提出寫切結書，表示願意負責任何問題。直到最後一天的下午，核保主管和副總在一個四方群組中表示，法遵回覆了一張函，說如果要通過，必須注意贈與問題、金流問題，並進行視訊和訪視。副總問我：「靜婉，如果要通過，需要經過層層關卡，這樣恐怕非常趕，妳確定要拚嗎？要不要把案子移到下一個年度的競賽？」

業務員坐在我旁邊，透過視訊擴音聽到公司怎麼說。我沒有猶豫，立刻回答副總：「只要還有時間，我們就一定要拚。」當時大概是三點，核保在最後一天晚上十一點以前都可以進行。這不僅是我的問題，也關係到業務員的業績，他經營這個案子兩年多，這是他兩三年的努力成果。

我們開始分頭行動，確保在五點前趕到扣款人（被保險人的親戚）家中。這位親戚長期住在護理之家，疫情期間五點就會關門，不能會客。另一組公司人員需要去銀行了解金流情況，並派一組人來現場訪視錄音錄影。

下午三點多,接近下班時間,公司內部迅速找到有空的訪視員,所有參與的工作人員必須快篩陰性。銀行方面的人員準備好所有符合金管會規定的核保文件,去會見銀行經理,確保匯款和金流沒有問題。訪視員才能來客戶這邊進行最後的錄音錄影。

　　當我們趕到護理之家時已經四點多,我們先拜託櫃臺人員,說公司的人會在五點前趕到。事實上,在下班時段,從新屋趕到桃園市大約需要一小時以上,五點前根本趕不到。幸運的是,五點一到交接班,換了一位比較親切的櫃台小姐,還幫我們準備好桌椅等候公司人員的到來,讓我們本來已經很忐忑的心情稍微放鬆了下來。

　　時間過了五點,我和業務員在這裡煎熬地等待。直到副總帶著核保主管和訪視人員來到時,已經是下午六點了。慶幸的是,訪談過程非常順利,受訪的伯母自然地回答了所有問題。反而是我們的訪視人員因為時間緊迫而非常緊張,因為錄影必須一鏡到底不能 NG 重來。副總和核保科主管也在旁邊,直到完成錄影、錄音已經七點。他們趕回公司,迅速完成所有核保流程,並在十點前上傳所有資料。

　　接下來是漫長的等待,直到十點半,簡訊確認案件通過。業務員拿到業代的排名,我也成功成為地區會長。

這就是堅持的力量。雖然過程煎熬，但只要不放棄，最終必能達成目標。

生命中的貴人
給予即是獲得

從事保險事業多年來，我的經驗告訴我，如果你一直不求回報地付出，總有一天一定會有出乎意料的收穫。**正如聖經所言：「栽種有時，拔出有時。」「流淚撒種的，必歡呼收割。」**

譬如之前提到的李董，我們認識了五年，他只買過一張孫子的保單，但我們時常一起打球、吃飯。他對我噓寒問暖，我也參與他的社團活動，關心他的家庭和事業。直到第五年，才因為他兒子李醫師的建議，開始為他自己及夫人做比較多元及專業的財務規劃。

在那之後的幾年裡，有一次正好是我要當會長的關鍵時間點，我一如往常地去跟李董說我要做第一名。李董在最後一個月會不定期地打電話來問我：「做到多少了？加油哦，妳一定可以的，妳是最棒的！」我說：「沒有啦，我還沒做到啦，就差你了……」這樣的對話在我們認識的幾年裡非常頻繁和平凡，我也

不以為意，就當成如家人般的客戶對自己的鼓勵。

想不到，就在最後兩天，我覺得真的非常困難時，他主動來到我的辦公室，還帶來了一張空白的支票，跟我說：「你不要寫太多啦，只要贏第二名就好。」他的意思是支票數字讓我隨便填。你說，這是不是我生命中的貴人？

這個經歷讓我深刻體會到，**你所給予的，正是世界給予你的。即使在不知回報的情況下持續付出，也許短期內看不到回報，但最終，這些付出會以意想不到的方式回到你身邊。**李董的故事正是這樣的例證。**他的信任和支持，是我多年來真誠付出的回報，這也是我在保險事業中，感受到的最珍貴的人生哲理。**

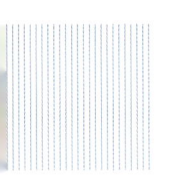

極致服務
忘我、無我的境界

2020年的「董事長之死」這個案例，可以說是極致的服務，服務到忘我的典範。從接到家屬的求助電話，到動用所有人脈資源請警察局、檢察官、法務部、頂級禮儀公司幫忙，直到最後順利拿到死亡證明。如今，我對他們來說已經像家人一樣的存在。

這位董事長有一個姪子，是一家上市上櫃科技公司的工程師，被外派到墨西哥工作。疫情期間，這位姪子從墨西哥返台，在防疫旅館隔離的一週期間，上網認識了一位像韓國明星般美麗的女子。交往過程中，詐騙手法與我們在新聞中常見的並無不同。一開始是談戀愛，讓對方感覺到幸福，接著約見面時卻因家裡有事無法見面。之後說信用卡無法使用，需要小額借款。第一次借款還會歸還，讓你以為她沒有騙你，以便順利進行下一次的借款。

這一次，對方借的不是錢，而是要求借用一個不常用的帳

戶，只要兩天就好。這位姪子真的給了她一個帳戶，因為不常用，所以他根本不知道這帳戶變成了詐騙集團的洗錢工具。在短短一兩天內，已經有好幾筆鉅款轉進轉出。可想而知，到了約定見面的那一天，所有的聯繫方式，包括 Line 和 IG，都已被封鎖，完全找不到人。

不久後，這位姪子接到銀行通知，帳戶被終結，薪水也被凍結。隨後，有二十多人控告他詐騙。他原本以為談了一場戀愛，結果卻成了罪犯。因為不敢讓父母知道，他自己找律師幫忙，但那些律師收了很多錢，卻沒有專業和經驗，只是幫忙寫狀紙。於是，我陪著他面談了至少三位律師，直到最後找到全桃園最權威、曾擔任過檢察官的律師。三年來，這位律師幫他處理了二十位原告，最終全部不起訴，因此全家人都對我非常感謝。

這就是極致的服務，做到忘我和無我的境界。即使在面對再困難、再複雜的情況下，我始終以客戶的需求為優先，動用所有資源，不辭辛勞地幫助他們解決問題。這種無私奉獻的精神，不僅贏得了客戶的信任和感激，也體現了我對工作的熱情和專業。

競爭力行銷
感同身受，利他大於利己

　　我曾經接手過一位業務員留下來的CASE，客戶是一位扶輪社前社長。他最初跟我買了一兩張保單，但因為他的扶輪社祕書是南山的經理，且他公司上游廠商的太太也是做保險的，所以後來他沒有再向我購買。有一天，這位前社長的太太（董娘）打電話給我，她擔心過去買了太多保單可能會繳很高的稅，因此請我到公司一趟，幫她們全家檢視保單。

　　那一天，她從保險箱裡拿出了大約五十幾份全家人的保單。我發現不僅部分保單上的要被保險人信息填寫不正確，而且購買的商品中有一些在八大實質課稅商品範疇內，是需要被課稅的。其實董娘心裡也明白，過去都是因為人情而買保單，並沒有真正理解過保單的內容。業務員講了很多專業知識，但他們從來沒有聽懂。加上那位祕書後來跳槽了，他們覺得忠誠度不夠，所以決定把全家人的保險交給我。這對夫妻全家人後來也成為我的VIP。

- 欲成大器，先要大氣

我要講的競爭力關鍵在於，即使他們有一段時間不是我的客戶，但我始終保持服務的熱忱。每年該寄的資訊、該提供的月曆，我都沒有間斷，不因為始終無法成交而斷了這個風箏的線。整個經營過程中，我保持了自己的實力和能力，並以優雅的服務態度面對每一位客戶。當時機成熟，就能把風箏抽回來。

這就是競爭力的行銷：感同身受，讓利他大於利己。即使短期內沒有回報，但只要持續提供優質服務，做到**「靜得優雅、動得從容、行的灑脫」**，最終客戶會感受到你的真誠和專業，並回到你的身邊。

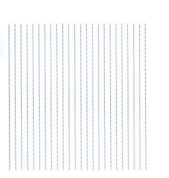

專注與等待
不比較，堅持走自己的道路

在業務工作的每一天，或是在追求每個目標的過程中都充滿了挑戰。即使你已經全力以赴，但當你看到別人順利簽下大額保單，而自己仍在處理幾萬塊的小 CASE 時，也要學會保持冷靜。特別在競賽期間，公司為了激勵績效會頻繁發送賀報簡訊，有時候賀報還會在假日或晚上傳來，隨時隨地刺激你。在這種情況下，你更應該沉住氣，而不是與他人比較。**成功的過程充滿煎熬和等待，關鍵是要將你的眼界與目標放在是否走對了路、做對了事，而不是與他人比較。**

回顧我第一次參加雪梨歌劇院的頒獎典禮時，我穿著華麗的禮服，但無法上台領獎，也沒有被安排得獎者座位，這讓我感到非常挫折。十年後，我因為榮獲總會長，而被公司推薦為國際龍獎 IDA 年會的講師。當我終於夢想成真的站在國際龍獎的舞台上，面對四千名學員，內心感到無比激動。我看到來自各家保險公司的講師代表坐在第一排聽我演講，我深知自己不僅代表了南

山的品牌,同時也代表了台灣的保險業。這次經驗讓我明白,十年前我付出努力且渴望成功,但始終未能如願。然而,我並沒有因為不斷地挫折而選擇放棄,而是堅持在正確的道路上,最終得到了超乎預期的回報。

在業務競賽的過程中,即使等待的時間很長,即便一開始的表現不佳,但只要你持續努力,最終的結果一定會超出你的期望。就像龜兔賽跑的故事,最終的贏家往往是那個堅持不懈的人,而不是一開始就跑在前面的人。**成功需要耐心和毅力,不與他人比較,堅持走在正確的道路上,才是成為贏家的關鍵。**

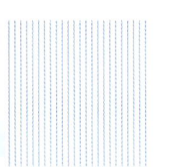

眼淚如珍珠
生命的無常與保險的價值

　　人的眼淚如同珍珠般珍貴，而生命更是輕如鴻毛重如泰山無法度量。在過去三十年裡，我見證了無數真實而動人的故事，這些經歷讓我深刻體會到，儘管人生無常，生命卻如此可貴。在處理理賠的過程中，我看到許多家人，無論是太太、親姊妹、兒女還是父母，流下的每一滴眼淚都讓我見證到生命的真諦。因此，**保險從業人員應該深刻理解，我們所銷售的商品承載著生命的意義，這就是保險的價值。**

　　最近我處理了一個理賠案件，當事人是一位未婚女性，她將受益人設定為她的兩個姊姊。只是辦理理賠的過程卻一再拖延。我曾多次催促，甚至保險公會也發通知給保險公司儘快完成理賠，但遲遲沒有進展。原因在於這兩位姊姊無法接受妹妹的離世，一談起理賠就忍不住淚流滿面。她們不關心保險金額有多少，只是不斷回憶起妹妹的好，回憶起她在病重時依然隱瞞病情，不願讓家人擔心，回憶起她生前的可愛與任性，點點滴滴的

往事浮現在她們心頭，使她們更加不願面對現實。這樣的情感讓我見證了姊妹之間深厚的情誼，也讓我感受到理賠背後的沉重。

我也遇到過一些令人心痛的案例，像白髮人送黑髮人。

我有一位同事，她的丈夫年僅三十七歲，某天在家中樓上突然發出一聲巨響。當時她在樓下準備送孩子上學，完全不知情。回到家後，她發現丈夫在床上冒著冷汗，情況危急，她立刻打電話叫救護車把先生送往醫院。在救護車上，醫護人員已經為他裝上葉克膜。

到達醫院後，因為當時疫情嚴重，醫生首先檢查他是否感染了新冠病毒，結果花了一兩個小時才排除確診。接著醫生懷疑是心肌梗塞，檢查結果也並非如此。最終，醫生進行了全身斷層掃描，才發現他顱內出血，但當時整個腦部已經充滿了血液，無法進行手術。

同事焦急地打電話給我，我立即聯繫立委朋友。隔天一早，副院長派了三位醫生來會診。然而，三位醫生都表示無法手術。家屬提出轉院的要求，但醫生解釋道，第一，疫情期間對方是否同意接收病人是未知數；第二，轉院過程中病人可能就會撐不住而死亡。

儘管如此，我同事並沒有放棄，她們找到了榮總最權威的顱內醫師，她打算帶著病歷親自去榮總請教專家。隔天，她們開著兩部車分別前往榮總，其中一部載著當事人，另一部則是其他陪同的同事。途中，省桃醫院打電話來告知她，她丈夫的血壓正在下降，讓她立刻回去。而另一部同事的車則繼續前往榮總尋求一線生機。結果當她回到省桃後，丈夫的血壓略微回升。而另一方面，榮總的醫師也判定轉院沒有意義，因為病患的腦部已經布滿了血，無法手術。

面對絕望，身為虔誠基督徒的她開始啟動「超能力」。她動員了全台灣所有認識的教友為她的丈夫祈禱，希望能創造奇蹟。然而，醫生一再提醒她，即使奇蹟發生，丈夫也可能成為植物人。但她堅定地說：「即使成為植物人，也沒關係。」

另一方面，對病患的母親而言情況更為殘酷。由於母親確診，七天內無法進入加護病房，只能透過視訊來關注兒子的情況。在這段時間裡，儘管兒子艱難地撐著，但他的器官已在逐漸衰竭中。一週過去後，母親意識到可能無法挽救兒子的生命，她只希望能見到兒子最後一面。但礙於當時的防疫政策，確診的媽媽根本無法進入病房。

我的同事再次求助我，希望再想辦法幫助她的婆婆見兒子最

後一面。後來，經院方同意，讓同事的婆婆穿上防護衣進入加護病房。事後，院方傳來他們見最後一面的照片，並附上文字：「人間至悲，確診中的媽媽見病危中的兒子最後一面」，看了真叫人心酸。

當這一切結束後幾小時，醫院又來電詢問我的同事，說因為她先生還年輕，是否願意將先生的器官遺愛人間。到了這個時候，其實同事已經平靜地接受了先生即將離世的事實，並認為先生會同意器捐，但她還是要尊重她婆婆的意願，畢竟身體髮膚受之父母。婆婆最初雖然同意了，但經過一個晚上的煎熬，隔天早上在手術即將開始前，又打電話給媳婦，表達了她希望保留兒子完整樣貌的願望。

在這個悲傷的故事中，我們看到了一位母親的偉大。同事的丈夫在結婚前有投保一些壽險，受益人是他的母親。丈夫去世後，婆婆做出了令人深感敬佩的選擇——她將所有的壽險理賠金全部交給了她的媳婦，也就是我同事。婆婆告訴她，這筆錢將幫助她償還房貸，照顧兩個仍在唸國小的孩子，比起她自己，這筆錢對她們母子未來的生活更重要。

這個故事不僅揭示了**生命的無常和珍貴，還突顯了保險在面對人生巨變時所發揮的重要作用。儘管保險金是以眼淚和生命為**

代價換來的，但它確實能在最艱難的時刻提供支持，幫助幸存者繼續生活，迎接未來。這份保障讓他們不必承受比失去摯愛更多的打擊，也為未來的生活帶來了希望。

會長的
責任、使命與傳承

chapter | 5

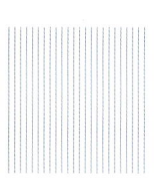

找回初心
不忘初心，方得始終

保險，是一場永不止息的競賽過程，所以業務員在推廣保險商品或服務時，應該具備運動員的精神，堅持到最後一刻。

在今年的榮譽會及新極峰頒獎典禮中，我的得獎致詞感動了很多人，同時也得到很多的迴響。我說：「**世界是一個圓，希望大家都能勇敢大膽地向世界宣告你的夢想，因為你會如同聖經所說的，眼睛未曾看見、耳朵未曾聽見，超乎所想所求的，夢想成真。三十年來我不是一個人走上來，我的第一次總會長，跟大家一樣做推銷、增員，失敗了再做、挫折了再做。後來的十年，我只是走不一樣的路，開始經營高資產，推銷增員高資產，才讓我走得更遠，贏得更高的榮耀。**」

周聖富是我們南區的一位區經理，他是我在南山多年的好朋友。他每次在我的分享之後都會給予回饋。今年三月，我在榮譽會頒獎的分享之後，他在FB上寫了一篇〈日不落女王──闇黑

的璀璨生輝〉送給我,以女王「欲戴王冠,必承其重」的使命,他寫道:

女王存在的意義是希望的嘉勉;女王存在的價值是幸福的降臨;女王存在的使命是繼續的前行。人們會永遠記得:

在黑夜裡身心俱疲卻依然昂首闊步地追求夢想、實現信念、永生的那一束耀眼的光,映照在每個晦暗的角落,而無以復加的璀璨,更勝白天。因為:

妳總是在缺憾時,刻骨銘心;
妳總是在回首時,赤子初心;
妳總是在站起時,鼓舞人心;
妳總是在燃燒時,深得人心。

人最美麗的是「缺」,因為有目標前行;人最幸福的是「失」,因為有方向航行。謹以此文送給三十年的業務好友,致敬黑夜中的光明女王。

我跟周聖富經理認識三十年,他知道我想要再衝南山六十的總會長,也知道我經歷了無比黑暗的時期,從母親癌症一個半月病危、安寧、安息,到團隊伙伴的先生三十七歲突然意外離世、

經歷董事長之死⋯⋯這些都讓我身心俱疲，但我依然追求夢想，實現夢想。這段話，完全點出我在這段期間面對競賽、面對挫折的心態。

北二區的洪志成副總也在聽完我的頒獎感言後寫給我一段話。他說：

靜婉會長，
妳有滿滿的能量，持續影響著南山人，
妳有崇高的保險使命，持續地照顧著南山的保戶，
妳有神的恩膏，持續地榮耀神。

這三個點，也完全點出了我擔任會長的意義與價值。我不只想要影響南山人，我也希望影響所有保險從業人員，這也是我從事保險業務工作三十年來的重要使命。

不迷失於競賽
保持冷靜與自我

在我的經歷中，**頂端的成績總是最後一刻才見分曉**。不論是暗盤或是最後一刻的實力展示，有些選手的實力往往在最後一天被逆轉，競爭比總統選舉還要激烈。就像去年，我只差了二十五萬，卻仍然輸掉了比賽，而今年六月，我在溫哥華參加 MDRT 會議的同時，竟以三十萬之差，險勝得到上半年第一名的榮耀，過程真的驚險萬分。

所以在這個過程中，運動家的精神就顯得格外重要。**人生難免會有失敗，但這個失敗的過程其實是非常寶貴的。保持謙虛和不輕言放棄的精神也是至關重要的。如果僅僅追求第一，那只是私慾的表現；但如果追求第一是為了帶來幸福，那麼這關乎人際關係、財務自由和健康，這才是完整的人生。**

在追求第一的過程中，我們會看到競爭的殘酷性。例如，有人因為過度追求第一而陷入憂鬱、躁鬱症的困境，迷失在地獄

中。我知道業務員都有強烈的好勝心，但如果這種好勝心失去控制，是非常可怕的。

　　我的第一本書提到壽險事業的推銷、增員與組織團隊，就像生命的三元素陽光、空氣、水，三者缺一不可。這本書更深化了這個議題，因為我看到很多人在追求第一的過程中迷失，以至於有些會長的成就只是曇花一現，無法再推升。這些經歷告訴我們，追求第一固然重要，**但更重要的是在這個過程中保持平衡，不要迷失自我。追求真正的幸福，實現全人的人生，才是我們應該努力的目標。**

　　如同企業家許文龍先生所說，不只要拚「第一」，更要拚「第一幸福」，達到 MDRT 所描繪的全人的人生。MDRT 強調的不僅是業績上的頂尖成就，更是生活質量和全面發展。我們應該追求的不僅是事業上的成功，還要追求身心健康、家庭和諧和社會貢獻，這樣才能達到真正的幸福。

提升內在體系
開創全人人生

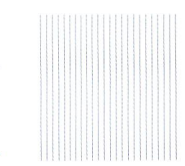

　　汽車的速度限制來自於內部構造，人的能力也受制於內在體系，包括心態、信仰、動機、習慣、技能、知識、人格、世界觀。

　　為了實現全面而成功的人生，每天都應該不斷提升自己的內在體系。**內在體系決定了我們能夠達到的高度，就像汽車的速度受到其內部構造的限制一樣**。具體而言，這段話提到了以下幾個內在因素：

◎**心態：**
　　一個人的心態影響他對待困難和挑戰的態度。積極的心態有助於克服逆境，保持動力。

◎**信仰：**
　　這不僅指宗教信仰，也包括個人的價值觀和人生信念。信仰給予我們內在的力量和方向感。

◎ **動機：**

動機是驅動我們行動的內在力量。強烈的動機可以幫助我們克服懶惰和拖延，推動我們向目標前進。

◎ **習慣：**

良好的習慣可以幫助我們高效地完成任務，持續提升自我。壞習慣則可能拖累我們的進步。

◎ **技能：**

實踐中的技能提升是必要的，因為技能決定了我們在不同情況下的應對能力和效率。

◎ **知識：**

知識是我們應對各種挑戰和問題的基礎。持續學習和積累知識有助於我們更好地理解和解決問題。

◎ **人格：**

人格特質如誠實、可靠、自律等影響我們的人際關係和社會地位。

◎ **世界觀：**

我們如何看待世界和我們在其中的位置會影響我們的決策和

行動。開放和積極的世界觀有助於我們接受新事物和適應變化。

　　保險競賽永不止息。競賽,不僅僅是與團隊和全公司的競賽,更是與自己的競賽。無論大環境的好壞,或是遊戲規則的改變,**真正的競賽是能夠挑戰自我,克服種種難關,走到最後才是勝利者**。我們每個人都在不斷超越自己,不斷進步永不放棄,這才是競賽的真諦。競賽中的每一次挫折和挑戰,都是提升自己的機會,也是我們成長的重要過程。

　　而內在體系是影響一個人能力和成就的關鍵因素。每天努力鍛鍊並提升這些內在因素,從而打破自身的限制,才能開創一個更加豐富和成功的人生。

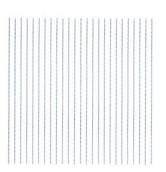

無私奉獻
做一個願意給予的人

　　作為會長，肩負的責任重大。會長不僅要具備卓越的業績能力，還需要有領導力、遠見和無私奉獻的精神。有一天，我在一本書上看到了一段話：**「當你的成就、收入，已經在一個水平之上自給自足之後，你就必須要賦予你的錢意義、賦予你的成就意義。」**對我而言，達成會長的夢想，是希望能幫助更多有夢的人。

　　目前台灣的保險業，都是鼓勵壽險從業人員以業績到達MDRT會議為目標，但台灣卻有一些很好的團體被忽略了。舉例來說，早期的台灣保險社團「中華保險與理財規劃人員協會」舉辦的「天勤獎」其實是最早也最本土的獎項，卻被忽略了，甚至沒有人推動大家去參與。前不久，我去為他們做了一場演講，因為他們希望有頂尖業務員去支持，而我即便工作繁忙，也答應去講，因為我希望能支持在地的獎項，同時拋磚引玉，希望有更多人一起來支持。

此外，許多保經代公司，由於公司規模較小，加上公司體制與保險公司不同，大部分業務員缺乏學習資源，但我相信他們也有當會長的夢。因此，通過這些交流機會，我能間接鼓勵他們、激發他們，希望他們能從我的演講中獲得對他們在業務推動上有益的收穫。然而我的時間有限，實在無法常常抽出一兩個小時到處受邀演講，因此，我才決定出書，將我從業近十年轉型經營高資產的心態、技巧，以及從業人員的基本功，更深入、更完整地整理出來，這樣才能更具體地對保險業有所貢獻。對我自己來講，也意義非凡。

　　我曾經問我的牧師，在保險業務前行的路上，我一直在追求會長、副會長的榮耀，也總是能夢想成真。我真的可以這樣一直恩上加恩、榮上加榮嗎？我的牧師說：**「可以，只是妳要做一個給予的人，妳給予世界什麼，未來世界就會還給妳什麼。」**後來我也在王婷瑩老師的書中看到一樣的話：**「你必須要當一個無私奉獻的人，你必須要做一個願意付出、願意給予的人，你給予什麼，將來恩典必然會回到你身上。」**這就是給予的真諦，也是我贏得會長榮譽的價值與意義。

Notes

Notes

Notes

Notes

企管銷售 61

會長
一場永不止息的競賽與經營高端客戶的軟、硬、巧實力

- 作者　　邱靜婉
- 主編　　鄭雪如
- 美術設計　張峻榤 ajhome0612@gmail.com

- 發行人　彭寶彬
- 出版者　誌成文化有限公司
　　　　116 台北市木新路三段 232 巷 45 弄 3 號 1 樓
　　　　電話：（02）2938-1078 傳真：（02）2937-8506
　　　　台北富邦銀行 木柵分行（012）
　　　　帳號：321-102-111142
　　　　戶名：誌成文化有限公司

- 總經銷　　采舍國際有限公司 www.silkbook.com 新絲路網路書店

- 出版 / 2024 年 9 月 初版一刷
- ISBN / 978-626-98884-0-5（平裝）　　◎版權所有，翻印必究
- 定價 / 新台幣 380 元

國家圖書館出版品預行編目（CIP）資料

會長：一場永不止息的競賽與經營高端客戶的軟、硬、巧實力 / 邱靜婉著. --

臺北市：誌成文化有限公司, 民 113.09

224 面；17*23 公分. --（企管銷售；61）

ISBN 978-626-98884-0-5(平裝）

1.CST: 保險業 2.CST: 保險行銷 3.CST: 職場成功法

563.7　　　　　　　　　　　　　　　　　113013257